DAS KÖNIGREICH
PREUSSEN

Älteste [zeitgenössische] Darstellung der Belehnung Friedrichs, Burggrafen von Nürnberg, mit der Mark Brandenburg

DAS KÖNIGREICH PREUSSEN

Historische Karten, Wappen
und Ansichten

Von Manfred Neugebauer

Weltbild

Inhaltsverzeichnis

Vorwort	9
Der preußische Staat	10
Die Staatsverfassung und Verwaltung	13
Die Staatsverwaltung	17
Die Landesverwaltung	18
Die Haupt- und Residenzstädte	20
Das preußische Staatswappen	28
Das kleine Staatswappen	28
Das mittlere Staatswappen	28
Die preußischen Provinzen und ihre Wappen	32
Das große Staatswappen	60
[1] Das Königreich Preußen	64
[2] Das Markgraftum Brandenburg	76
[3] Das Burggraftum Nürnberg und die Grafschaft Hohenzollern	85
[4] Das Herzogtum Schlesien	89
[5] Das Großherzogtum Niederrhein	94
[6] Das Großherzogtum Posen	96
[7] Das Herzogtum Sachsen	97
[8] Das Herzogtum Westfalen	100
[9] Das Herzogtum Engern	101
[10] Das Herzogtum Pommern	103
[11] Das Herzogtum Lüneburg	105
[12] Das Herzogtum Holstein	107
[13] Das Herzogtum Schleswig	109
[14] Das Herzogtum Magdeburg	110
[15] Das Herzogtum Bremen	112
[16] Das Herzogtum Geldern	113
[17] Das Herzogtum Kleve	115
[18] Das Herzogtum Jülich	116
[19] Das Herzogtum Berg	118
[20] Das Herzogtum Wenden	119
[21] Das Herzogtum Kassuben	120

[22]	Das Herzogtum Krossen	121
[23]	Das Herzogtum Lauenburg	122
[24]	Das Herzogtum Mecklenburg	124
[25]	Die Landgrafschaft Hessen	125
[26]	Die Landgrafschaft Thüringen	126
[27]	Das Markgraftum Oberlausitz	127
[28]	Das Markgraftum Niederlausitz	129
[29]	Das Fürstentum Oranien	130
[30]	Das Fürstentum Rügen	132
[31]	Das Fürstentum Ostfriesland	134
[32]	Das Fürstentum Paderborn und die Grafschaft Pyrmont	135
[33]	Das Fürstentum Halberstadt	137
[34]	Das Fürstentum Münster	139
[35]	Das Fürstentum Minden	140
[36]	Das Fürstentum Osnabrück	141
[37]	Das Fürstentum Hildesheim	142
[38]	Das Fürstentum Verden	143
[39]	Das Fürstentum Kammin	144
[40]	Das Fürstentum Fulda	145
[41]	Das Fürstentum Nassau	146
[42]	Das Fürstentum Moers	147
[43]	Die gefürstete Grafschaft Henneberg	148
[44]	Die Grafschaft Glatz	149
[45]	Die Grafschaften Mark und Ravensberg	150
[46]	Die Grafschaft Hohenstein	152
[47]	Die Grafschaften Tecklenburg und Lingen	154
[48]	Die Grafschaft Mansfeld	157
[49]	Die Grafschaft Sigmaringen	158
[50]	Die Grafschaft Veringen	159
[51]	Die Herrschaft Frankfurt am Main	160
[52]	Regalien	161

Das große Staatswappen von 1817   162

Die Orden Preußens   171

Tabelle zum Anwachsen Preußens   173

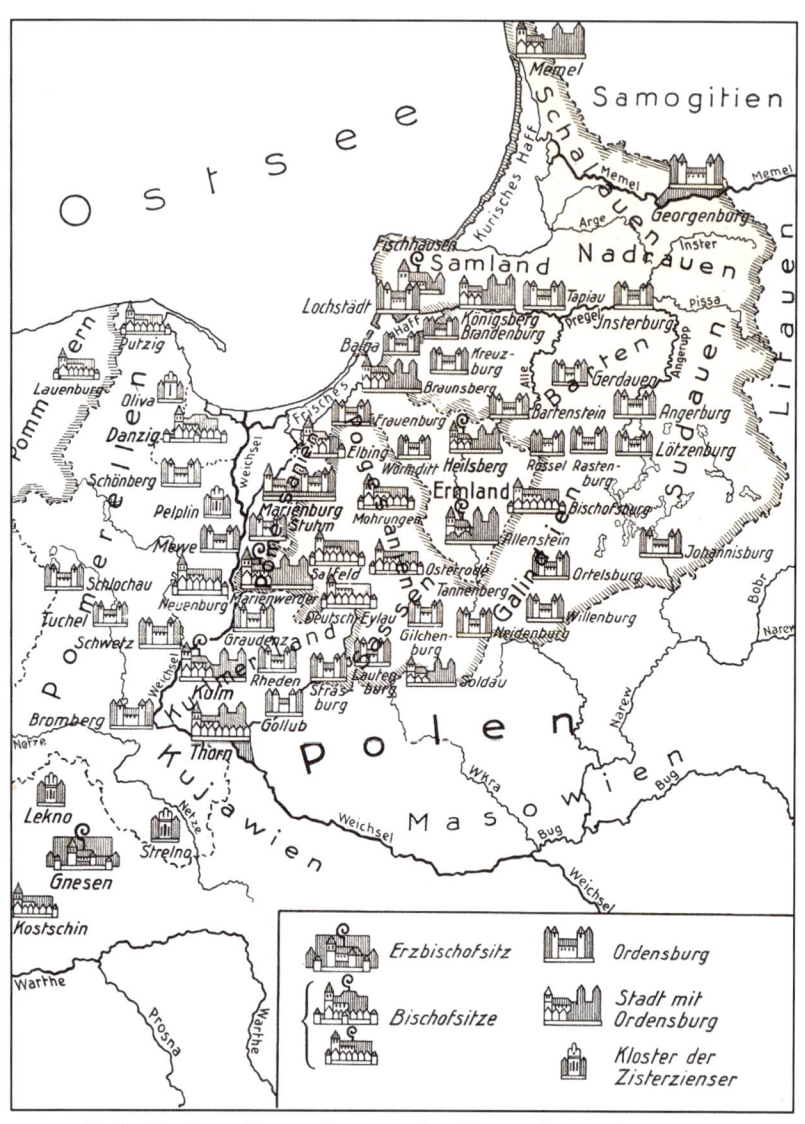

Kolonisation Altpreußens und Bildung des Ordensstaates

Königsberg. Das Schloss

Königreich Preussen

Vorwort

In den Königlich Preußischen Wappen liegt uns eine gedrängte Geschichte der Bildung des preußischen Staates vor: In einer Bildersprache, welche, von dem Ursprung und der Würdenfolge des Herrscherhauses ausgehend, uns die Länder nennt, die jeweils den Bestand des Reiches bildeten, oder deren Erwerb durch Hausverträge in Aussicht gestellt worden waren.

Aber diese „Hieroglyphen" bedürfen der Erläuterung und verdienen sie auch; und zwar letzteres nicht bloß in dem Interesse der Heraldik, wiewohl diese gerade in dem Königlich Preußischen Wappen eine Anzahl der wichtigsten und lehrreichsten Wappenbilder finden kann, sondern auch für den Historiker, der neue, nicht unerhebliche geschichtliche Tatsachen aus einer kritischen Beleuchtung der einzelnen Wappenbilder gewinnen kann.

Wenn die hier gebotenen Erläuterungen auch bloß als ein kleiner „Streifzug durch die Felder des Königlich Preußischen Wappens" bezeichnet werden können, so bietet dieser Ausflug in die Geschichte des preußischen Staates doch zahlreiche interessante Einzelheiten, die so in keinem üblichen Geschichtsbuch zu finden sind.

Die einzelnen „Wanderungen", zu denen das Königlich Preußische Wappen, wie solches *[nach dem Wiener Kongress]* im Jahre 1817 und dann noch einmal *[nach der Reichsgründung]* 1873 festgestellt worden ist, soll ein tieferes Eingehen in die Quellen der Heraldik, die ältere Siegelkunde, die Kunst-, Rechts- und Sittengeschichte, die Diplomatik, Chronologie, Genealogie und Sprachkunde anregen und so manchen kaum geahnten Schatz wieder ans Licht bringen.

Wappen des Deutschen Ordens

Der preußische Staat

Preußen war der wichtigste Staat des zweiten Deutschen Kaiserreiches. Dieser bestand seit 1866 im Wesentlichen aus einem zusammenhängenden Staatsgebiet, das aber eine Anzahl kleinerer Staaten *[beide Mecklenburgs, die Freien Städte, Oldenburg, Braunschweig, Anhalt, Lippe, Schaumburg-Lippe, Waldeck, Oberhessen und Teile der thüringischen Staaten]* umschloss. Preußen grenzte gegen Norden an die Ostsee, gegen Osten an Russland und Galizien, gegen Süden an die österreichischen Kronländer Schlesien, Mähren und Böhmen ebenso an das Königreich Sachsen, die thüringischen Staaten, Bayern, das Großherzogtum Hessen, die bayerische Pfalz und Elsaß-Lothringen. Im Westen waren Luxemburg, Belgien und die Niederlande Preußens Nachbarn.

Außer mehreren Enklaven *[innerhalb der von Preußen umschlossenen Staaten]* waren die Kreise Schleusingen, Schmalkalden und Ziegenrück sowie die Exklaven Wandersleben in Thüringen und Hohenzollern in Süddeutschland vom preußischen Staatsgebiet getrennt.

Das Schloss von Allenstein in Ostpreußen

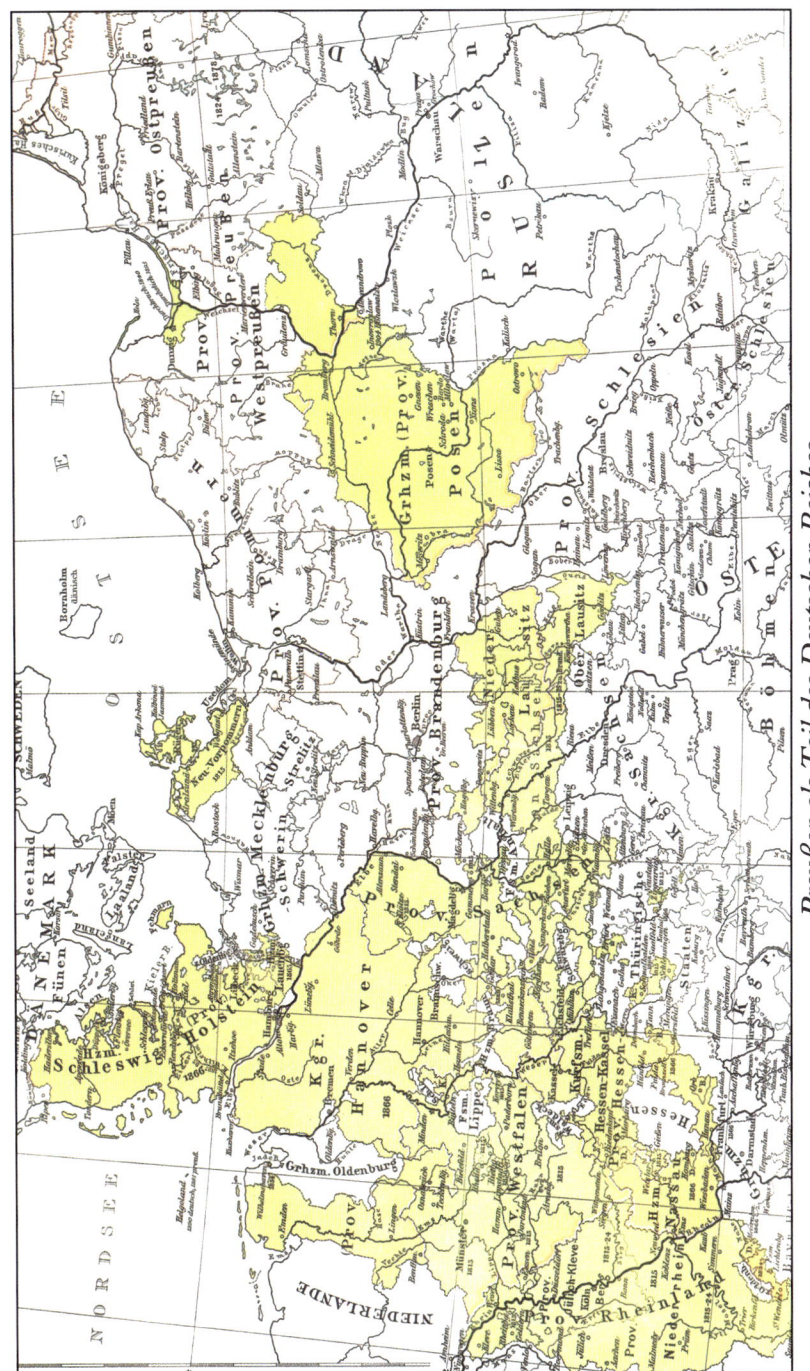

Preußen als Teil des Deutschen Reiches

Die äußersten Punkte des Staates *[abgesehen von Hohenzollern]* waren folgende: Der nördlichste Punkt lag bei Nimmersatt *[nördlich von Memel unter 55° 54' nördlicher Breite]*, der östlichste bei Schilleningken in der Nähe von Schirwindt *[an der Scheschuppe unter 22° 53' östlicher Länge]*, der südlichste bei Hanweiler *[an der Einmündung der Blies in die Saar unter 49° 7' nördlicher Breite]* und der westlichste bei Isenbruch *[im Regierungsbezirk Aachen unter 5° 52' östlicher Länge]*.

In Bezug auf die Fläche nahm Preußen die sechste Stelle unter den europäischen Staaten ein *[nach Russland, Österreich-Ungarn, Frankreich, Spanien und Schweden]*.

Das Münster in Aachen

Die Staatsverfassung und Verwaltung

In der wilhelminischen Kaiserzeit war Preußen eine konstitutionelle Monarchie. Die Verfassung des Staates ging auf die Verfassungsurkunde vom 31. Januar 1850 zurück, die danach durch spätere Gesetze sowie durch die Reichsverfassung vom 16. April 1871 verschiedene Änderungen erfahren hat.

Der letzte preußische König war Kaiser Wilhelm II., der am 15. Juni 1888 zur Regierung kam *[Abdankung am 9.11.1918]*.

Preußische Königskrone

Die Krone Preußens war *[mit der deutschen Kaiserwürde]* erblich: Im Mannesstamm des königlichen Hauses Hohenzollern nach dem Recht der Erstgeburt und der agnatischen *[Agnat = männlicher Blutsverwandter der männlichen Linie]* Linearfolge.

Der preußische König wurde mit Vollendung des 18. Lebensjahres volljährig. Der erstgeborene Sohn des *[Kaisers und]* Königs hieß *[Kronprinz des deutschen Reiches und]* Kronprinz von Preußen und bekleidete die Würde des Statthalters von Pommern.

Preußische Dienstflagge

Blieb der König kinderlos, sollte der Bruder des Königs oder ein anderer Prinz des Hauses Thronfolger werden. Dieser führte dann den Titel „Prinz von Preußen".

Preußische Landesflagge

Bei einem minderjährigen *[bzw. ein dauernd an der Regierung verhinderter]* König sollte der der Krone zunächst stehende Agnat den Landtag zur Beschlussfassung über eine Regentschaft berufen.

Nach dem Antritt der Regierung legte der König den Eid auf die Verfassung ab. Der König war „unverletzlich" und „unverantwortlich". Es bedurfte für alle Regierungsakte der Gegenzeichnung der Minister, die damit die Verantwortlichkeit übernahmen.

Preußische Königsstandarte

Preußische Königinstandarte

Der König war Inhaber der gesamten Staatsgewalt. Er übte die vollziehende Gewalt allein aus. Bei der Gesetzgebung war er aber an die Mitwirkung des Landtages gebunden. Doch allein der König erteilte die Sanktion und ordnete die Verkündung der Gesetzte an. Auch erließ er dazu die Ausführungsbestimmungen.

Keiner Gegenzeichnung bedurften die Akte des Königs als obersten Kriegsherrn *[Armeebefehle]* und als Träger des landesherrlichen Kirchenregiments.

König Wilhelm I. von Preußen
[gekrönt 1861 in Königsberg]

Preußische Standarte des Prinzen des königlichen Hauses

Der König hatte das Recht der Begnadigung und Strafmilderung und konnte Orden und andere Auszeichnungen verleihen. Er berief und schloss den Landtag und hatte das Recht, diesen zu vertagen bzw. das Abgeordnetenhaus aufzulösen.

Der König genoss zusammen mit den Mitgliedern des königlichen Hauses und des fürstlich hohenzollerischen Hauses besonderen strafrechtlichen Schutz sowie Steuer- und Portofreiheit.

Preußische Kriegs- und Dienstflagge

Die Staatsverwaltung

Die preußischen Staatsbehörden gliederten sich in Zentral-, Provinzial- *[d. i. Bezirks- und Kreisbehörden]* sowie Ortsbehörden. Oberste Staatsbehörden waren das Staatsministerium, die einzelnen Ministerien, die Oberrechnungskammer, das Oberverwaltungsgericht und der evangelische Oberkirchenrat.

Das Staatsministerium bestand *[unter dem Vorsitz eines Präsidenten]* aus den Ministern der einzelnen Geschäftskreise *[1905 waren dies neun]* sowie sonst ernannten Staatsministern ohne Portefeuille. Unmittelbar unter dem Gesamtministerium standen das Zentraldirektorium der Vermessungen im preußischen Staat, der Disziplinarhof für nichtrichterliche Beamte, der Gerichtshof zur Entscheidung der Kompetenzkonflikte, die Prüfungskommission für höhere Verwaltungsbeamte, die Ansiedlungskommission für Westpreußen und Posen, der deutsche „Reichs- und königlich preußische Staatsanzeiger", die Redaktion der Gesetzsammlung. Unter der obersten Leitung des Präsidenten des Staatsministeriums standen die Generalordenskommission, die 18 Staatsarchive und das Gesetzsammlungsamt.

Berlin. Der Gendarmenmarkt

Als Ministerien gab es in Preußen *[1905]*
1. das Ministerium der äußeren Angelegenheiten
2. das Finanzministerium
3. das Ministerium der geistlichen, Unterrichts- und Medizinalangelegenheiten
4. das Ministerium für Handel und Gewerbe
5. das Ministerium des Innern
6. das Justizministerium
7. das Kriegsministerium
8. das Ministerium für Landwirtschaft, Domänen und Forsten
9. das Ministerium für öffentliche Arbeiten.

Anmerkung:
Selbständige staatliche Oberbehörden waren der evangelische Oberkirchenrat für die elf älteren Landesteile und die Oberrechnungskammer in Potsdam, die unmittelbar dem König unterstanden.

Vom Staatsministerium getrennt gab es noch das Ministerium des königlichen Hauses, dem das Heroldsamt, das königliche Hausarchiv, die Hofkammer der königlichen Familiengüter und das königlich-prinzliche Familienfideikommiss *[Fideikommiss: Unveräußerliches und unteilbares Erbgut, soviel wie Stammgut]* unterstellt waren.

Die Landesverwaltung

Aus einem geographischen Handbuch von 1858:
Die preußische Monarchie wird jetzt, mit Ausnahme von Hohenzollern und dem kleinen Gebiet an der Jade, in acht Provinzen eingeteilt, welche zwar größtenteils die Namen ihrer alten Bestandteile führen, doch mit veränderten Grenzen und Umfang. Jede Provinz wird in mehrere Regierungsbezirke, zusammen 25, und jeder Bezirk in Kreise, welche von Landräten verwaltet werden, geteilt. Von den acht Provinzen gehören sechs zum Deutschen Bund, die zwei übrigen, Preußen und Posen, nicht.

In der wilhelminischen Kaiserzeit war das preußische Staatsgebiet in 12 Provinzen eingeteilt. Dazu kamen noch die in keinem Provinzialverband stehenden Stadtkreise Berlin und Hohenzollern-*[Sigmaringen]*.

1905 zerfiel Preußen in 37 Regierungsbezirke, die zusammen wiederum 578 Kreise *[89 Stadtkreise und 489 Landkreise]* umfassten. An der Spitze der Provinzen standen Oberpräsidenten, an der Spitze der Regierungsbezirke Regierungspräsidenten, an der Spitze der Kreise Landräte und die Gemeinden wurden von Bürgermeistern bzw. Ortsvorstehern geführt.

Provinz	Fläche [km²]	Bevölkerung [1905]
Ostpreußen	36.996,8	2.030.176
Westpreußen	25.533,5	1.641.746
Berlin *[Stadtkreis]*	63,3	2.040.148
Brandenburg	39.839,6	3.531.906
Pommern	30.122,3	1.684.326
Posen	28.979,9	1.986.637
Schlesien	40.321,7	4.942.611
Sachsen	25.257,0	2.979.221
Schleswig-Holstein	19.004,4	1.504.248
Hannover	38.511,2	2.759.544
Westfalen	20.212,3	3.618.090
Hessen-Nassau	15.699,7	2.070.052
Rheinland	26.995,9	6.436.337
Hohenzollern	1.142,3	68.282
Gesamt	348.679,9	37.293.324

Die Haupt- und Residenzstädte Preußens

Berlin

Berlin war Hauptstadt des Königreichs Preußen und erste Residenz des Königs von Preußen. Das Weichbild der Stadt umfasste gigantische 63,49 km². Der Durchmesser des städtischen Terrains von Nord nach Süd betrug 9,265 km, von Ost nach West 10,056 km, der Umfang 47,3 km.

Die Bevölkerung von Berlin:	
1816	197.717
1849	431.566
1871	826.341
1900	1.888.848

Zur Industrie von Berlin:
1895 waren 52,85 % aller im Hauptberuf Erwerbstätigen in der Industrie, dem Gewerbe und dem Bauwesen beschäftigt. Es gab zu der Zeit 150.170 Haupt- und 5.898 Nebenbetriebe. 341 Betriebe davon hatten über 100 Beschäftigte. Am umfangreichsten war die Bekleidungsindustrie, bedeutend war aber auch die Maschinen- und Eisenindustrie.

Das Schloss in Berlin

Potsdam

Wappen der Stadt Potsdam

Die Stadt Potsdam, die zweite Residenz des Königreichs Preußen, war die Hauptstadt der preußischen Provinz Brandenburg sowie des gleichnamigen Regierungsbezirks. 1905 hatte sie 61.414 Einwohner.

Potsdam. Stadtschloss und Garnisonskirche

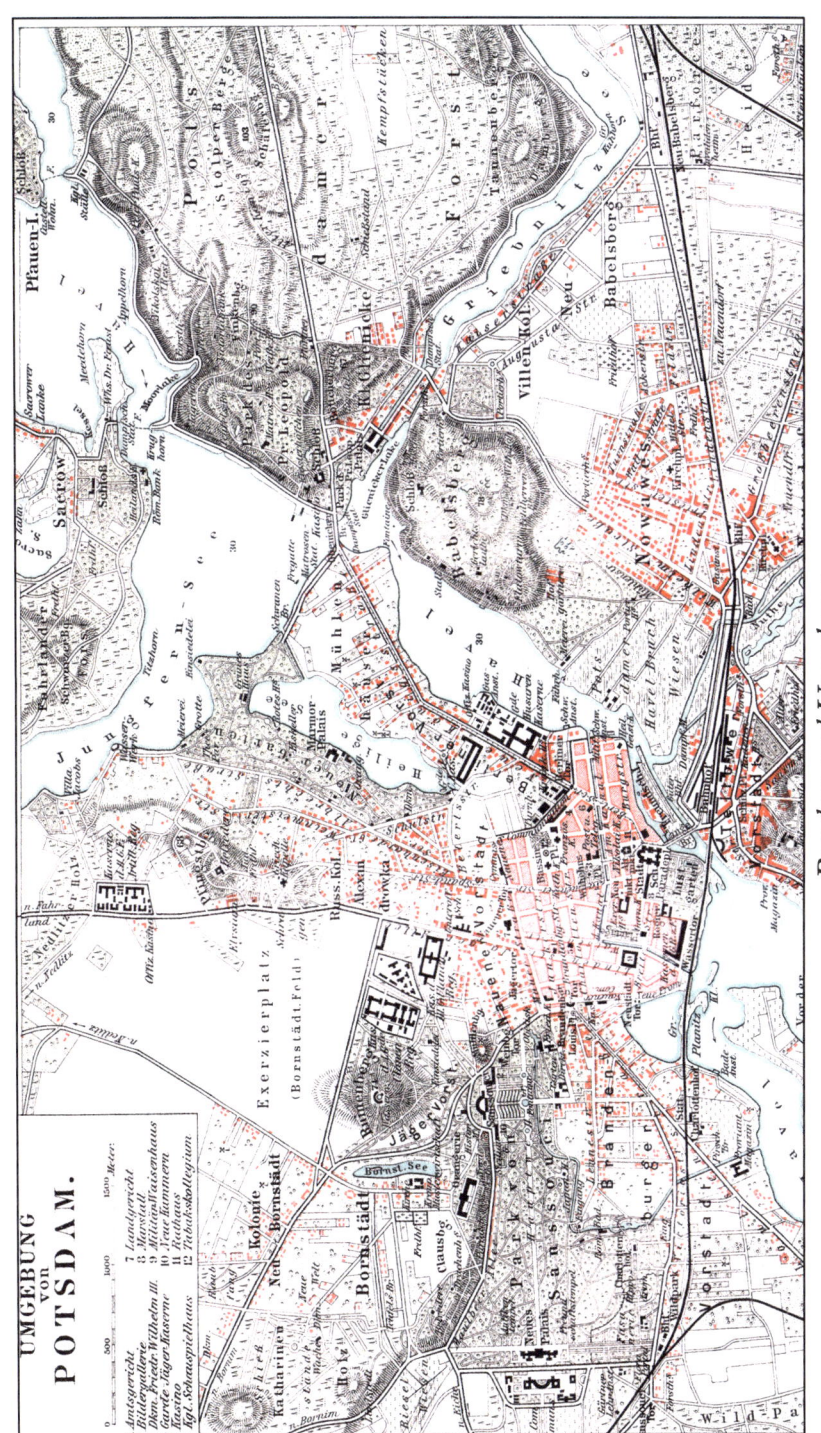

Potsdam und Umgebung

Breslau

Das Stadtwappen von Breslau

Breslau war die Hauptstadt der preußischen Provinz Schlesien und königliche Residenz. Von der Gesamtfläche der Stadt, die um 1905 3.593 Hektar betrug, waren 1.006 Hektar mit Häusern bebaut, 748 Hektar bedeckten Wege, Straßen und Eisenbahnen und 189 Hektar Wasserwege.

Die Bevölkerung von Breslau:	
1756	54.774
1763	42.114
1790	51.219
1840	92.305
1870	207.997
1900	422.709

Zur Industrie von Breslau:
Die Gewerbetätigkeit von Breslau war bedeutend und machte die Stadt zum Hauptsitz der schlesischen Industrie. Im Jahr 1895 gab es in Breslau 34.970 Gewerbebetriebe, etwa 10% davon waren Großbetriebe *[d. h. mit mehr als fünf Gehilfen]*. Neben drei großen Eisenbahnwerkstätten gab es bedeutende Fabriken für den Bau von Maschinen- und Eisenbahnwagen.

Breslau. Dominsel

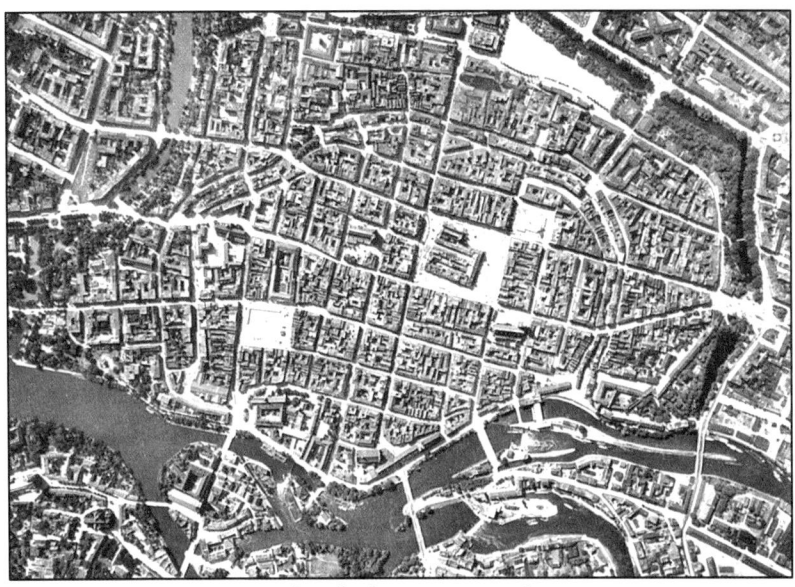

Luftaufnahme von Breslau

Königsberg

Das Stadtwappen von Königsberg

Königsberg war Krönungs- und Residenzstadt der Monarchie, Festung und Hauptstadt der preußischen Provinz Ostpreußen sowie des gleichnamigen Regierungsbezirks. Die Zahl der Einwohner belief sich um 1900 *[inklusive der Garnison: Ein Grenadierbataillon Nr. 1, ein Grenadierbataillon Nr. 3, zwei Bataillone Infanterie Nr. 43, ein Kürassierregiment Nr. 3, zwei Regimenter Feldartillerie Nr. 16 und Nr. 52, ein Fußartillerieregiment Nr. 1, zwei Pionierbataillone Nr. 1 und Nr. 18 und ein Trainbataillon Nr. 1]* auf 189.483 Menschen, darunter 8.465 Katholiken und 3.975 Juden.

Die Industrie und der Handel der Stadt waren äußerst bedeutend. **Industrie:** Hier waren besonders die Schneidemühlen-, Holzbearbei-

Königsberg. Speicher

tungs- und Eisenindustrie *[besonders der Lokomotiv- und Waggonbau]* von Wichtigkeit.

Handel: In Königsberg gab es eine Börse, achtzehn Konsulate fremder Staaten, einen Gewerberat, mehrere Reederei- und Dampfschifffahrtsgesellschaften und eine Reichsbankhauptstelle.

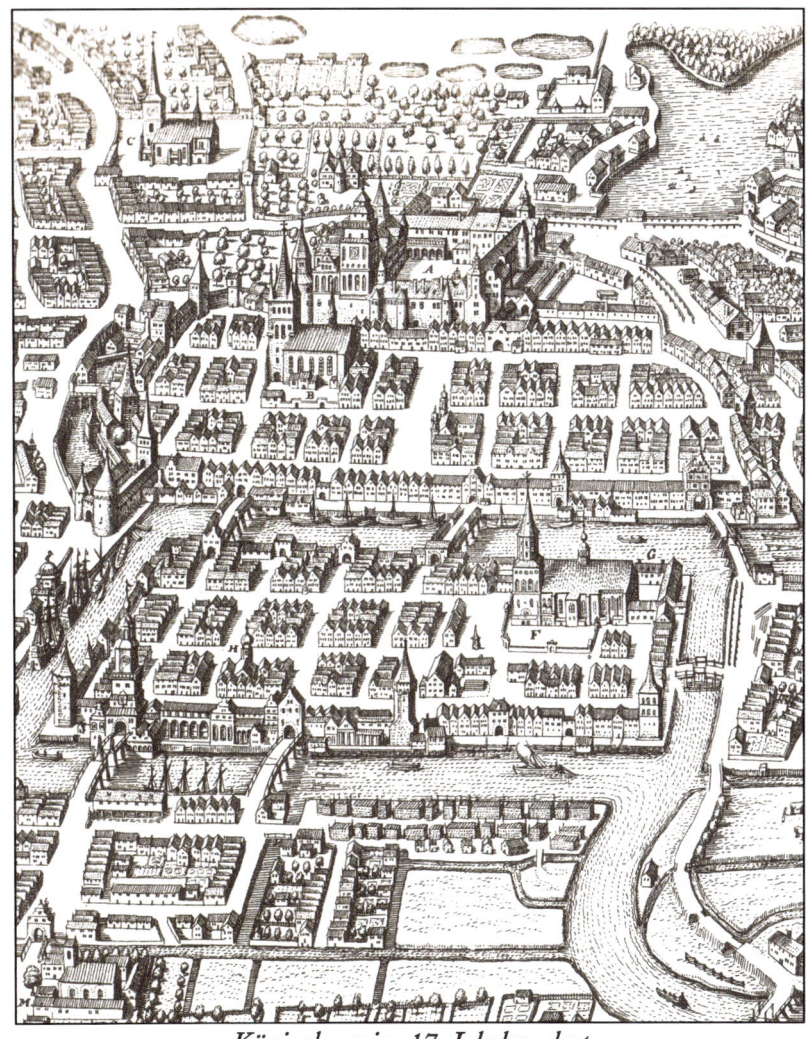

Königsberg im 17. Jahrhundert

Das preußische Staatswappen

Das Staatswappen des preußischen Staates war ein Dreifaches:

1. Das <u>kleine</u> Staatswappen

Der kürzere Titel des preußischen Königs:
Wir W i l h e l m, von Gottes Gnaden König von Preußen usw.

Das kleine Staatswappen *[Wappen der Provinz Ostpreußen: Auch das mittlere Feld der zweiten Reihe im mittleren Staatswappen (s.u.)]* war mit der Königskrone bedeckt und enthielt in Silber einen schwarzen, goldbewehrten, königlich gekrönten Adler mit roter Zunge, goldenen Kleestengeln auf den Flügeln und dem Namenszug des ersten Königs auf der Brust, mit Zepter und Reichsapfel in den Fängen.

2. Das <u>mittlere</u> Staatswappen

Das mittlere preußische Staatswappen war ein zweimal gespaltener und dreimal quergeteilter Schild mit rotem Schildfuß. Der Schild war ebenfalls mit der preußischen Königskrone bedeckt und wurde von zwei wilden, mit Keulen bewaffneten Männern gehalten und von der Kette des Schwarzen Adlerordens *[s. u.]* umzogen.

Das mittlere Staatswappen

In der Mitte ist es belegt mit dem Schild des kleinen Staatswappens *(= Ostpreußen)*. In den übrigen elf Feldern erscheinen die Wappen der Provinzen und Länder nach folgendem Schema:

In der **ersten Reihe** befanden sich die Wappen der Provinzen Schlesien *[3]*, Brandenburg *[2]* sowie Rheinpreußen *[4]*.

In der **zweiten Reihe** standen das Wappen der Provinz Posen *[5]*, das kleine Staatswappen *(Ost)-Preußen [1]* und das Wappen der Provinz Sachsen *[6]*.

In der **dritten Reihe** sind die Wappen der Provinzen Pommern *[8]* und Westfalen *[7]* sowie von Lüneburg *[9]* zu sehen.

3. Schlesien.	2. Brandenburg.	4. Niederrhein.
5. Posen.	1. Preußen.	6. Sachsen.
8. Pommern.	7. Westfalen.	9. Lüneburg.
a. Holstein. / 1. Schleswig. / b. / c. Lauenburg.	10. Nürnberg. / Zollern.	a. Hessen. / 2. Nassau. / b. / c. Frankfurt.

Die Einteilung des mittleren Wappens

In der **vierten Reihe** sind die Wappen von Holstein-Schleswig-Lauenburg *[11]*, dann *[10]* geteilt in a) Burggraftum Nürnberg *[oben im goldenen, mit von Silber und Rot gestückter Einfassung versehehen Feld ein rotbewehrter und gekrönter schwarzer Löwe mit Doppelschweif]* und b) Grafschaft Hohenzollern *[von Silber und Schwarz geviert]* und schließlich *[12]* die Wappen der Landgrafschaft Hessen, des Fürstentums Nassau sowie der Herrschaft zu Frankfurt am Main.

Anmerkung: Am Schildfuß Regalien.

Der mittlere Titel des Preußischen Königs:
Wir W i l h e l m, von Gottes Gnaden König von Preußen, Markgraf zu Brandenburg, souveräner und oberster Herzog von Schlesien, Großherzog von Niederrhein und Posen, Herzog zu Sachsen, Westfalen und Pommern, zu Lüneburg und Bremen, zu Holstein, Schleswig und Lauenburg, Burggraf zu Nürnberg, Landgraf zu Hessen, Fürst zu Ostfriesland, Osnabrück und Hildesheim, zu Nassau und Fulda, Graf zu Hohenzollern, Herr von Frankfurt.

Schloss Schoenberg bei Deutsch Eylau

Schloss Sigmaringen

Die preußischen Provinzen und ihre Wappen

Das Provinzwappen von Ostpreußen

Das Wappen: Ein königlich gekrönter, goldbewehrter schwarzer Adler in Silber mit goldenen Kleestängeln; Zepter und Reichsapfel in den Fängen. Auf der Brust der goldene Namenszug **F R**.
Farben: Schwarz, Weiß.

Aus einem geographischen Handbuch von 1858:
Die Provinz oder das Königreich Preußen ist umgeben von der Ostsee, von Russland, Polen, Posen, Brandenburg und Pommern und enthält auf 1.178 QM nach der Zählung von 1855 2.610.130 Einwohner, oder auf der Quadratmeile 2.200 Einwohner. Sie bestand bisher aus den zwei Provinzen Ost- und Westpreußen, jetzt aber wird das Ganze in die vier Regierungsbezirke Königsberg und Gumbinnen, Danzig und Marienwerder geteilt. Die Einwohner sind größtenteils Deutsche.

Die Marienburg

Im Osten von Ostpreußen sind Litauer und Letten und in Westpreußen die Polen zahlreich, daher auch alle drei Sprachen hier geredet werden.

Die in Preußen wohnenden Litauer haben, obwohl mit vielen deutschen Kolonisten untermischt, noch zum Teil ihre Sprache und ihren Nationalcharakter beibehalten.

Fast ganz Ostpreußen ist lutherisch; Westpreußen größtenteils katholisch. Außer diesen beiden herrschenden Kirchen finden sich in Preußen zerstreut, besonders im Marienberger und Elbinger Gebiet, etwa 15.000 Mennoniten oder Taufgesinnte.

Ostpreußen zur Kaiserzeit

Das Provinzwappen von Westpreußen

Das Wappen: Ein goldbewehrter schwarzer Adler in Silber mit Krone um den Hals, aus der ein geharnischter, schwertschwingender Arm emporwächst.
Farben: Schwarz, Weiß, Schwarz.

Die Provinz Westpreußen war in den Jahren 1824 – 1878 mit Ostpreußen zur Provinz Preußen verbunden. Als eigene Provinz grenzte sie im Norden an die Ostsee, im Osten an Ostpreußen, im Süden an Russland *[Polen]* und die Provinz Posen;

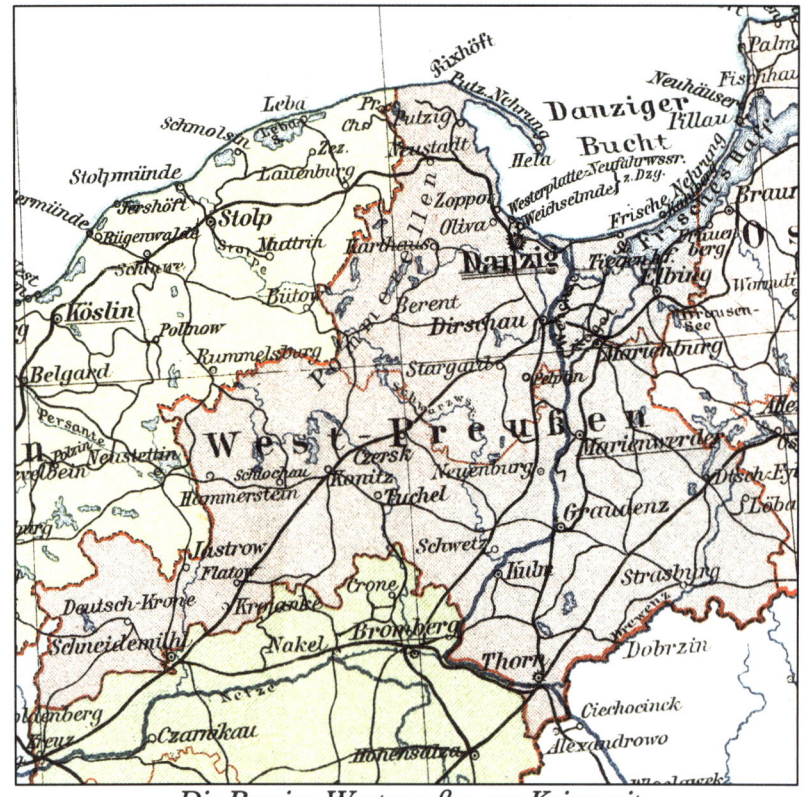

Die Provinz Westpreußen zur Kaiserzeit

Danzig
[Rathaus, Artushof und Türme der Marienkirche]

im Westen an Brandenburg und Pommern. Sie umfasste – mit Ausnahme der beiden südwestlichen Kreise Deutsch-Krone und Flatow, die davor zur polnischen Landschaft Kujavien gehörten, nur Gebiete, die früher dem Deutschen Orden unterworfen waren: Die Pomerellen *[das Kassubenland]* auf der linken, das Kulmer Land und Pomesanien auf der rechten Seite der Weichsel.

Das Provinzwappen von Brandenburg:

Das Wappen: Ein mit Kurfürstenhut gekrönter, goldbewehrter roter Adler in Silber mit goldenen Kleestängeln; Zepter sowie Schwert in den Fängen. Blaues Brustschild mit goldenem Zepter *[Erzkämmereramt]*
Farben: Rot, Weiß.

Brandenburg
[Der Steintorturm mit neuerem Anbau]

Aus einem geographischen Handbuch von 1858:
Aus diesem Stammland ist die ganze Monarchie erwachsen. Die jetzige Provinz Brandenburg entspricht nicht ganz ihren alten Grenzen. Es sind davon abgegangen: Die Altmark, westlich der Elbe, zu Sachsen und einige Distrikte der Neumark.

Hinzugekommen sind dagegen ein bedeutender Teil der von Sachsen abgetretenen Lausitz und mehrere altsächsische Distrikte.

In ihrem jetzigen Umfang wird sie von Mecklenburg, Pommern, Preußen, Posen, Schlesien, Sachsen und dem Anhaltischen begrenzt und enthält auf 734 Quadratmeilen 2.210.409 Einwohner. Diese verraten in den östlichen Teilen noch stark ihre wendische Abstammung. Sie sind mit wenigen Ausnahmen Protestanten.

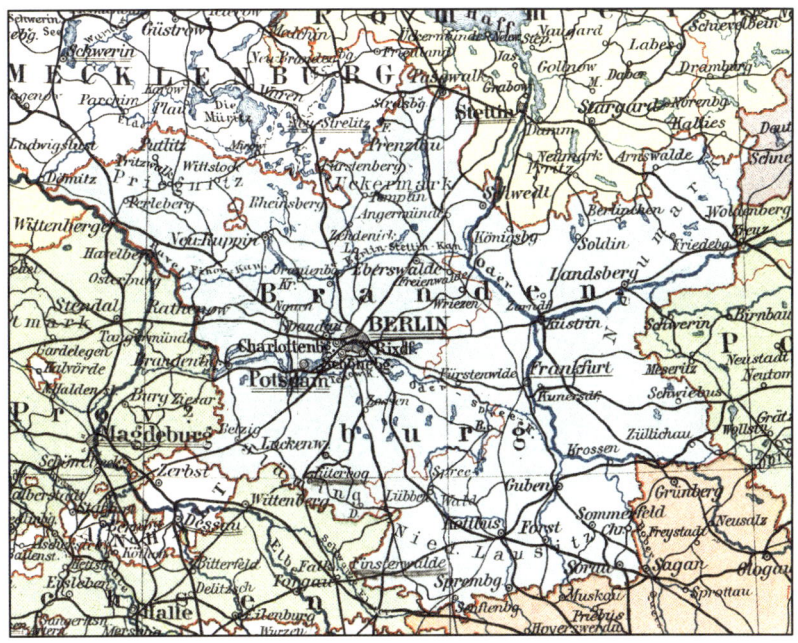

Die Provinz Brandenburg zur Kaiserzeit

Das Provinzwappen von Pommern

Das Wappen: Ein goldbewehrter, roter Greif in Silber.
Farben: Schwarz, Weiß.

Aus einem geographischen Handbuch von 1858: Die jetzige Provinz Pommern umfasst außer dem alten Land dieses Namens noch einige Bezirke der ehemaligen Neumark. Sie wird von Mecklenburg, der Ostsee, Preußen und Brandenburg umgeben und enthält auf 576 4/5 QM über 1.274.349 Bürger oder auf der Quadratmeile leben über 2.200 Menschen. Die Einwohner bestehen aus verdeutschten Slawen. Nur in einigen wenigen nordöstlichen Gegenden herrscht noch bei den Kassuben die wendische Sprache.

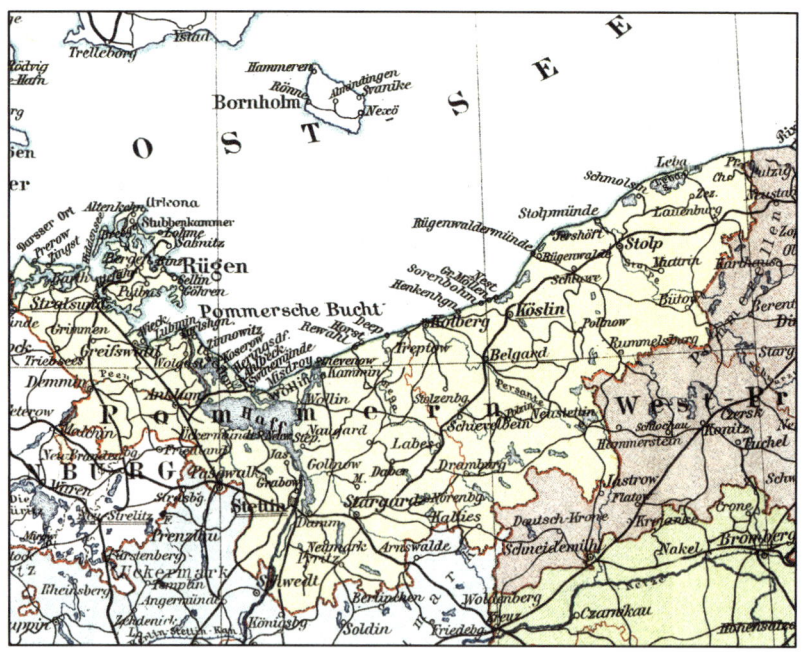

Die Provinz Pommern zur Kaiserzeit

Die Pommern sind fast ohne Ausnahme Protestanten und haben seit dem Siebenjährigen Krieg den Ruhm der Treue und Tapferkeit bewahrt. Obgleich die Leibeigenschaft aufgehoben ist, so ist doch das Verhältnis der Bauern zu den Gutsbesitzern noch drückend genug.

Kolberger Mariendom

Das Provinzwappen von Posen

Das Wappen: In Silber ein königlich gekrönter, goldbewehrter schwarzer Adler mit goldenen Kleestängeln; Zepter und Reichsapfel in den Fängen. Gekrönter roter Brustschild mit gekröntem silbernen Adler *[Polen]*.
Farben: Weiß, Schwarz, Weiß.

Aus einem geographischen Handbuch von 1858: Die Provinz oder das Großherzogtum Posen liegt zwischen Preußen, Polen, Schlesien und Brandenburg und zählt auf 536 ½ QM an 1.378.515 *[auf der QM 2.600]* Einwohner, wovon der größte Teil aus Polen besteht, deren Sprache daher die Herrschende ist. In den Städten und in dem nördlichen Teil leben viele Deutsche; diese sind meist Protestanten, die Polen katholisch. Dazu zählt die Provinz 90.000 Juden.

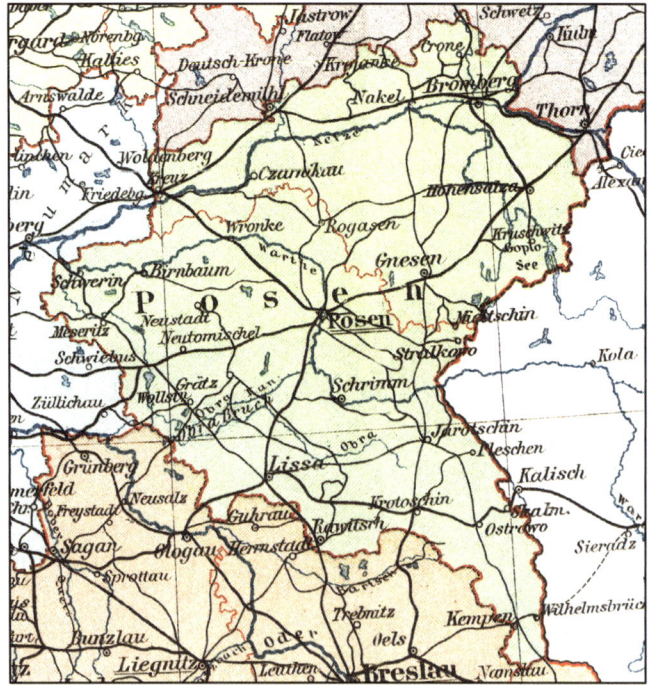

Die Provinz Posen zur Kaiserzeit

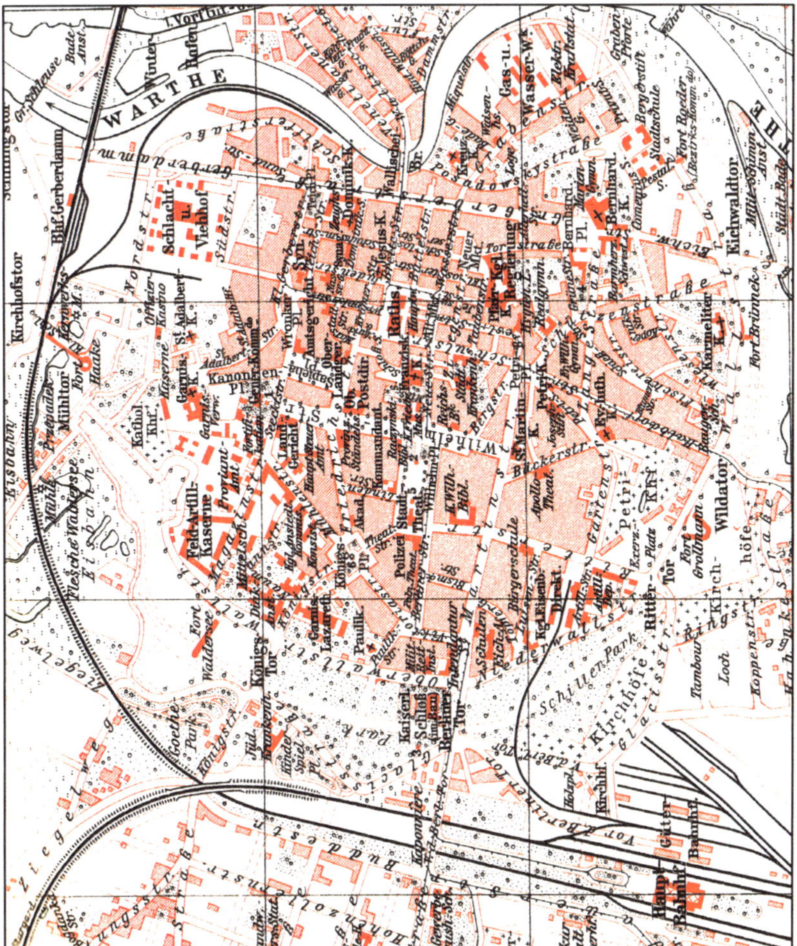

Karte der Stadt Posen

Wappen der Stadt Posen

Das Provinzwappen von Schlesien

Das Wappen: Ein herzoglich gekrönter, goldbewehrter schwarzer Adler in Gold mit gekreuztem silbernen Brustmond.
Farben: Weiß, Gelb.

Aus einem geographischen Handbuch von 1858: Die Provinz oder das Herzogtum Schlesien wird umgeben von Brandenburg, Posen, Polen, Galizien, Österreichisch-Schlesien, Mähren, Böhmen und Sachsen und zählt auf 741 ¾ QM 3.150.698, also auf der QM mehr als 4.200 Einwohner.

Die Schneegruben im Riesengebirge mit der 1890-92 errichteten Baude

Von ihrem alten Umfang hat sie die Kreise Krossen und Züllichau an Brandenburg verloren, dagegen aber einen Teil der ehemals sächsischen Oberlausitz gewonnen. Die Einwohner sind teils Deutsche, teils Slawen vom polnischen und böhmisch-mährischen Stamm, im Lausitzer Kreis Wenden. Die Protestanten sind etwas zahlreicher als die Katholiken, haben aber erst seit der preußischen Eroberung vollkommene Freiheit und gleiche Rechte erhalten.

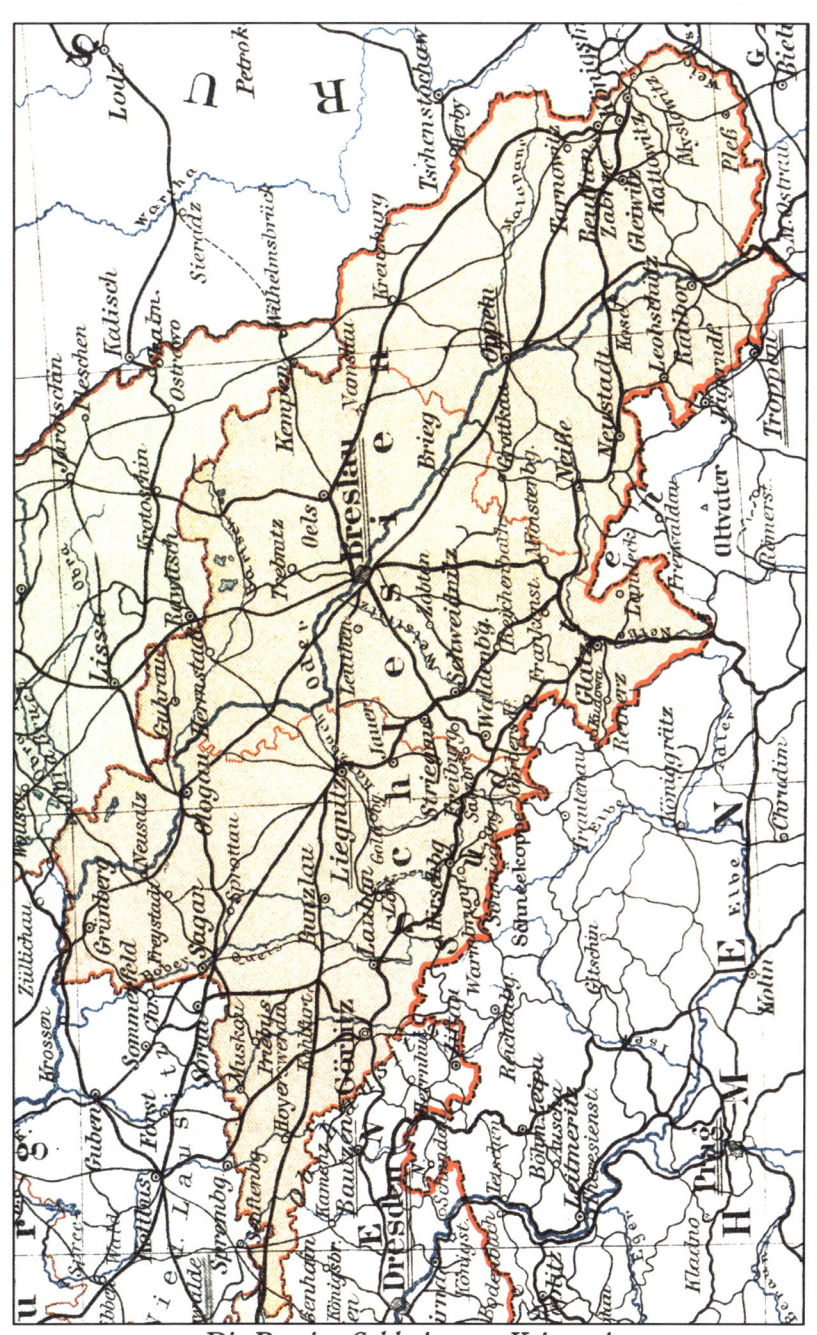

Die Provinz Schlesien zur Kaiserzeit

Das Provinzwappen von Sachsen

Das Wappen: Von Gold und Schwarz zehnmal quergestreift *[zum Unterschied vom Königreich Sachsen, das von Schwarz und Gold gestreift ist]*; darüber schräg rechts ein grüner Rautenkranz.
Farben: Schwarz, Gelb.

Aus einem geographischen Handbuch von 1858: Die Provinz Sachsen besteht aus den von Sachsen abgetretenen Gebieten, dem ehemaligen Fürstentum Halberstadt, dem Herzogtum

Die Provinz Sachsen zur Kaiserzeit

Magdeburg, der Grafschaft Mansfeld, der Altmark, dem Eichsfeld, dem Fürstentum Erfurt und einigen kleineren neuen Erwerbungen, und wird von Hannover, Brandenburg, Anhalt, dem Königreich Sachsen, den sächsischen Herzogtümern, Hessen und Braunschweig umgeben; einige Teile der Provinz liegen getrennt von der Hauptmasse. Die Provinz Sachsen zählt auf 460 $^2/_3$ QM über 1.836.622 *[auf der Quadratmeile über 4.000]* Einwohner, welche zum größten Teil Protestanten sind. Östlich von der Saale und Elbe besteht die Bevölkerung vorzüglich aus Wenden.

Der Marktplatz von Halberstadt

Das Provinzwappen von Schleswig-Holstein

Das Wappen: Schild gespalten. Vorn in Gold zwei nach einwärts gestellte blaue Löwen *[Schleswig]*, hinten in Rot ein von Silber über Rot quergeteiltes Herzschildchen, umgeben von einem silbernen Nesselblatt *[Holstein]*
Farben: Blau, Gelb, Rot, Weiß.

Durch den Vertrag vom 27. September 1866 erwarb Preußen die Ansprüche des Hauses S.-Gottorp vom Großherzog von Oldenburg durch die Zahlung von 1 Million Taler und die Abtretung von Ahrensböck. Auf der Grundlage des Gesetzes vom 24. Dezember 1866 und des königlichen Patents vom 12. Januar 1867 wurde die Angliederung Schleswig-Holsteins an Preußen am 24. Januar 1867 vollzogen. Die preußische Verfassung in Schleswig-Holstein trat am 1. Oktober 1867 in Kraft. Am 1. Juli 1876 kam Lauenburg als Kreis nach Schleswig-Holstein.

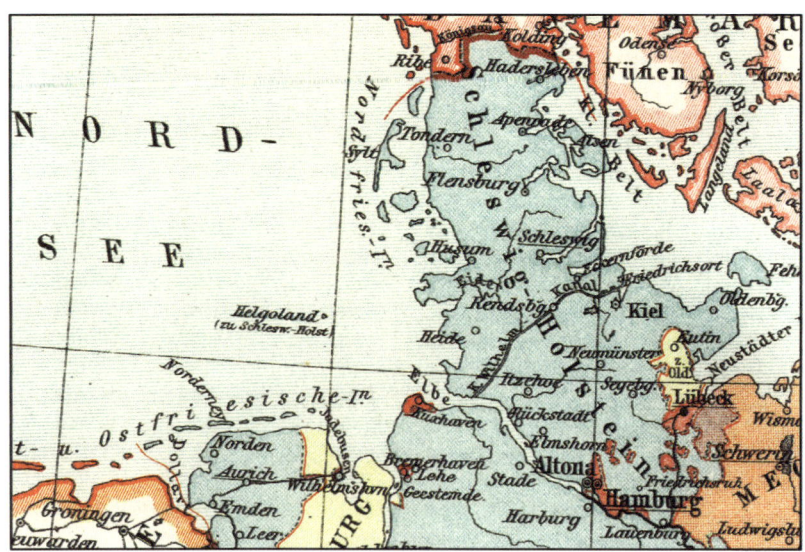

Die Provinz Schleswig-Holstein zur Kaiserzeit

Flensburg [in der alten Stadt]

Das Provinzwappen von Hannover

Das Wappen: In Rot ein laufendes silbernes Pferd.
Farben: Gelb, Weiß.

Im Preußisch-deutschen Krieg von 1866 stand das Königreich Hannover auf der Seite von Österreich. Nach dem Sieg Preußens ergriff der König von Preußen mittels Patent vom 20. September 1866 vom Königreich Hannover Besitz, das danach eine Provinz des preußischen Staates bildete. Die preußische Verfassung wurde am 1. Oktober 1867 eingeführt.

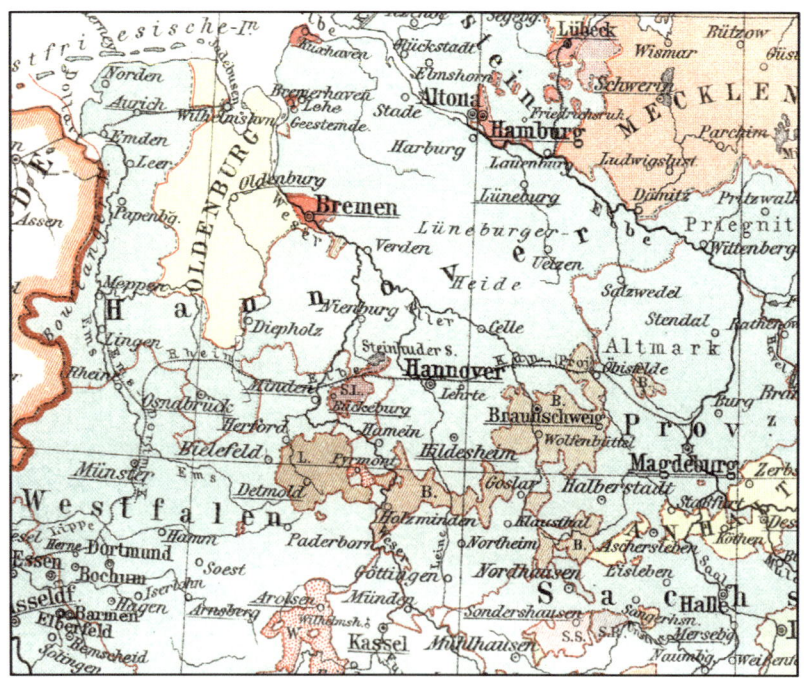

Die Provinz Hannover zur Kaiserzeit

Hannover. Marktplatz

Anmerkung:
Während ein Teil der Bevölkerung mit der neuen Ordnung einverstanden war, wollten sich besonders der Adel, die lutherische Geistlichkeit und die Bewohner der Residenz nicht mit der preußischen Herrschaft abfinden.

Der Welfenhof *[nun in Hietzig bei Wien]* machte sich und anderen weiter Hoffnung auf eine Rückkehr nach Hannover. In Frankreich wurde sogar eine Welfenlegion aufgestellt, für die man in Hannover Geld sammelte. 1868 stellte deshalb Preußen das Vermögen König Georgs unter *Sequester*. Selbst nach dem Deutsch-französischen Krieg von 1870/71, an dem auch hannoversche Regimenter teilgenommen hatten, ging die welfische Agitation weiter.

Das Provinzwappen von Westfalen

Das Wappen: In Rot ein springendes silbernes Pferd.
Farben: Weiß, Rot.

Aus einem geographischen Handbuch von 1858:
Die Provinz Westfalen ist die kleinste im Königreich und enthält auf 368 QM über 1.517.974 oder auf die Quadratmeile über 4.100 Einwohner. Sie besteht aus den altpreußischen Provinzen: Minden, Ravensberg, Mark, Tecklenburg, Teilen von Lingen und von Münster, Paderborn, wozu seit 1815 die Folgenden gekommen sind:

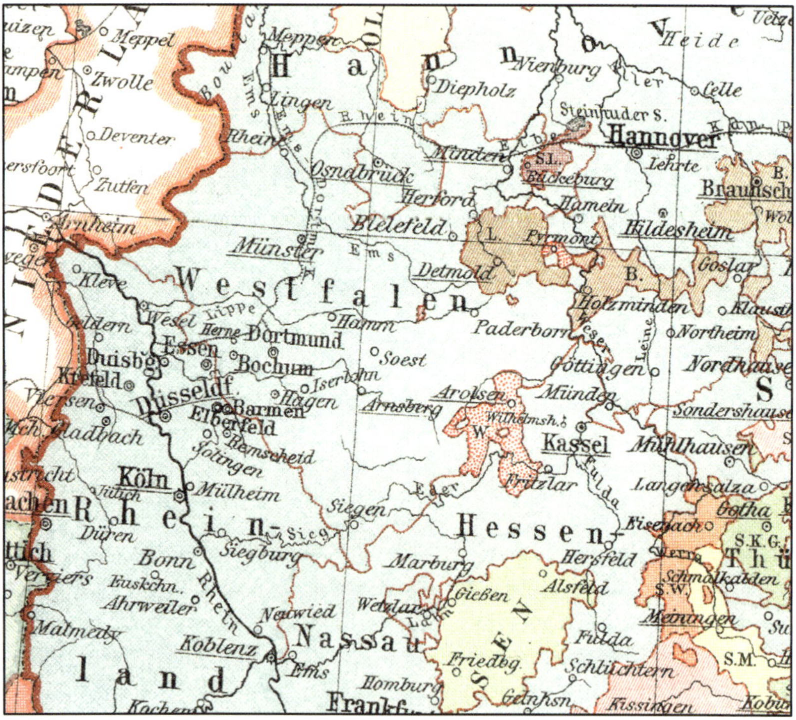

Die Provinz Westfalen zur Kaiserzeit

Das Herzogtum Westfalen und Engern oder Sauerland, Corvey, das Fürstentum Siegen und mehrere mediatisierte Fürstentümer, Graf- und Herrschaften, deren Besitzer unter preußischer Hoheit stehen. Die Provinz ist in die drei Regierungsbezirke Münster, Minden und Arnsberg geteilt.

Arnsberg *[Der grüne Turm]*

Das Provinzwappen von Hessen-Nassau

Das Wappen: Durch eine aufsteigende, geschweifte Spitze gespalten. Oben rechts in Blau ein einwärts gekehrter, gekrönter, von Silber und Rot achtmal quergestreifter Löwe *[Hessen]*. Oben links in Blau, mit goldenen, schräg rechts verstutzten Querschindeln bestreut, ein gekrönter goldener Löwe *[Nassau]*. In der roten Spitze ein goldbewehrter silberner Adler *[Frankfurt]*.
Farben: Rot, Weiß, Blau.

Nach dem Krieg von 1866 wurde die preußische Provinz Hessen-Nassau aus dem Kurfürstentum Hessen-Kassel und dem Herzogtum Nassau, aus dem größten Teil des Gebietes der ehemals freien Reichsstadt Frankfurt am Main, aus dem Kreis Biedenkopf und eini-

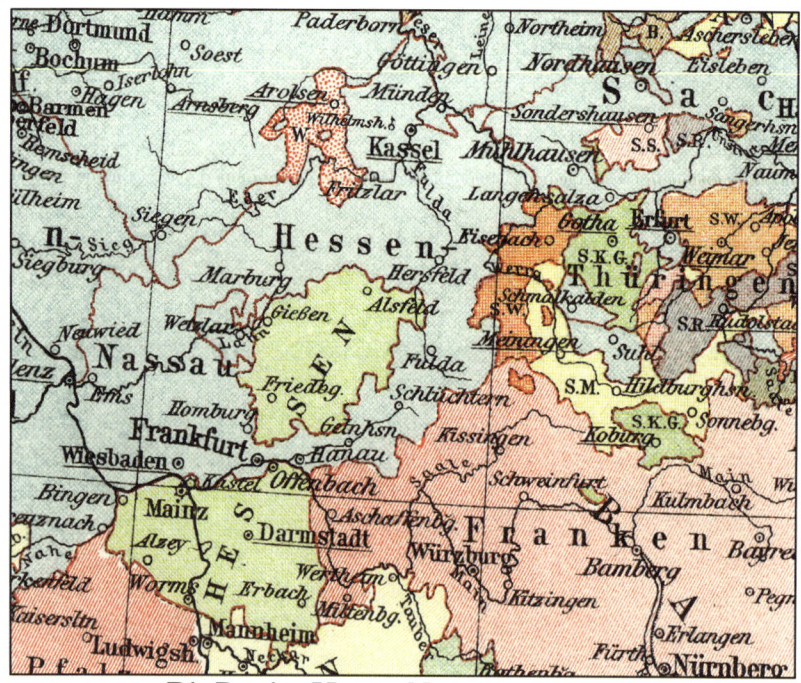

Die Provinz Hessen-Nassau zur Kaiserzeit

gen anderen Teilen des Großherzogtums Hessen, aus der Herrschaft Homburg der vormaligen Landgrafschaft Hessen-Homburg und aus kleineren Teilen von Bayern *[Gersfeld, Orb] gebildet.*

Diese Gebiete waren in der Kaiserzeit in zwei Regierungsbezirke eingeteilt: Kassel und Wiesbaden. Der Regierungsbezirk Kassel enthielt die vormals kurhessischen und bayerischen Gebiete sowie einen kleinen Teil von Hessen-Darmstadt, der Regierungsbezirk Wiesbaden die übrigen Landesteile.

Von dem Hauptteil der Provinz waren getrennt, außer einigen kleinen Parzellen in Waldeck, die Kreise Schmalkalden am Thüringer Wald und Rinteln an der Weser. Innerhalb der Provinz lag die großherzoglich-hessische Provinz Oberhessen und der zur Rheinprovinz gehörende Kreis Wetzlar.

Kassel *[Park Wilhelmshöhe]*

Das Provinzwappen der Rheinprovinz

Das Wappen: In Silber ein königlich gekrönter, goldbewehrter schwarzer Adler mit goldenen Kleestängeln; Zepter und Reichsapfel in den Fängen. Gekrönter grüner Brustschild mit silbernem Schrägfluss.
Farben: Grün, Weiß.

Aus einem geographischen Handbuch von 1858:
Die Rheinprovinz wurde früher in zwei Provinzen, Jülich-Kleve-Berg, die nördliche, und das Großherzogtum Niederrhein, die südliche Hälfte der jetzigen Rheinprovinz, geteilt, welche nun in die fünf Regierungsbezirke Köln, Düsseldorf, Koblenz, Trier und Aachen zerfällt. Das ganze umfasst 487 QM, worauf 2.948.948 Einwohner, also 6.000 auf der Quadratmeile *[die dichteste Bevölkerung in ganz Preußen]* leben, unter welchen nicht mehr als etwas über ½ Million Protestanten sind. Die Provinz besteht aus einer sehr großen Anzahl Gebieten ehemaliger Reichsstände, worunter die bedeutendsten sind: Die Herzogtümer Jülich, Geldern, Kleve, Berg, das Fürstentum Saarbrücken, die Länder der Erzbischöfe von Trier und Köln, mehrere Reichsstifter wie Essen und Werden, sowie einige freie Reichsstädte.

Das Rathaus von Köln

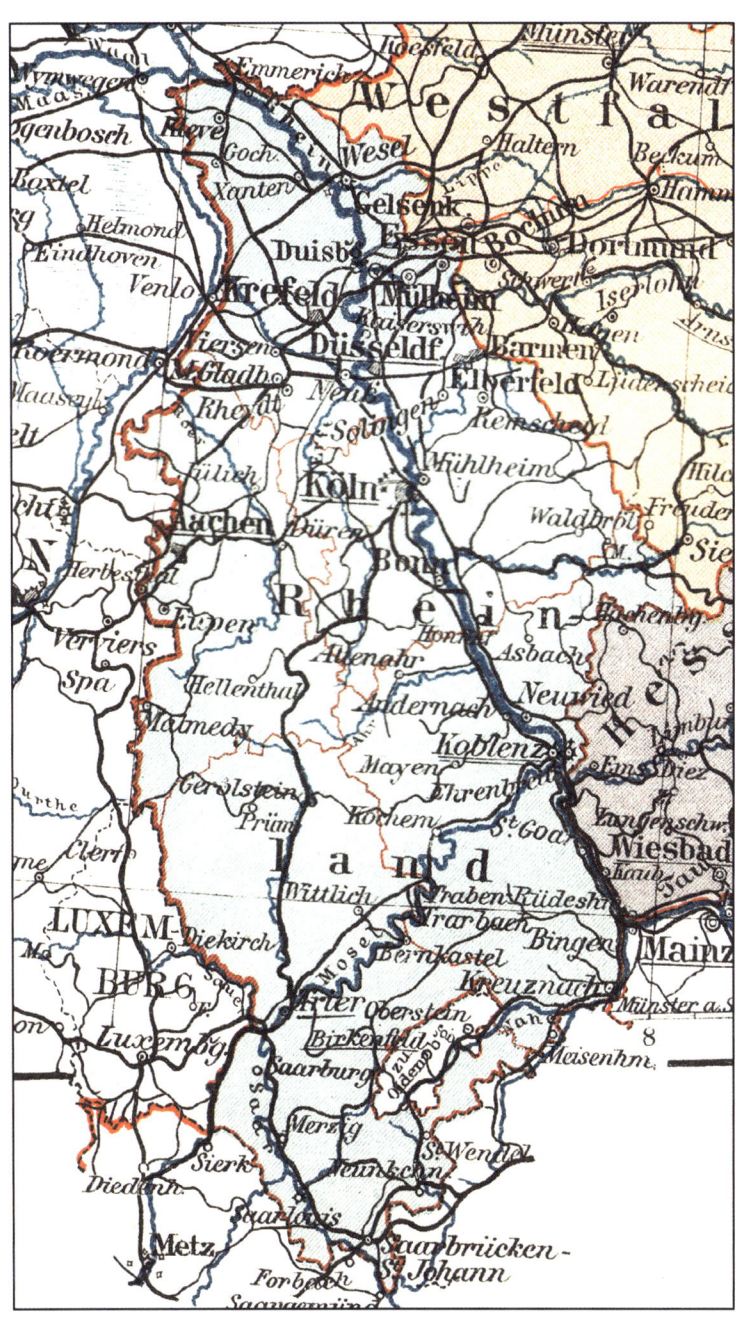

Die Rheinprovinz zur Kaiserzeit

Das Provinzwappen von Hohenzollern

Das Wappen: Von Silber und Schwarz geviert.
Farben: Schwarz, Weiß.

Aus einem geographischen Handbuch von 1858:
Die fürstlich hohenzollernschen Lande werden gänzlich von Württemberg und Baden umschlossen. Das Geschlecht der Zollern oder Hohenzollern teilte sich im 12. Jahrhundert in zwei

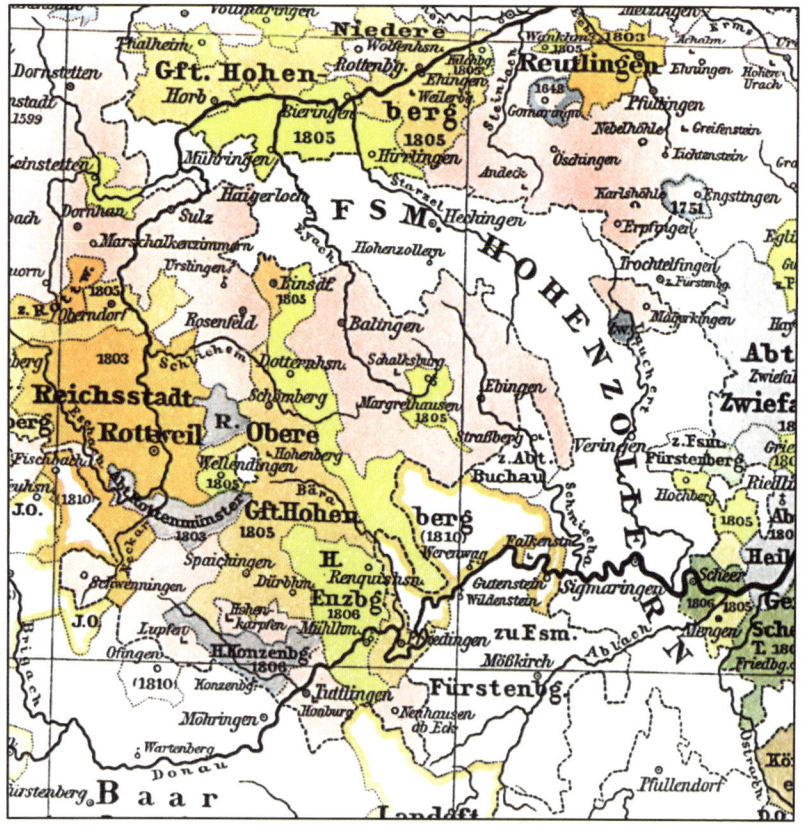

Das Gebiet Hohenzollern in der Kaiserzeit

Haigerloch bei Hechingen

Linien, wovon die jüngere die preußische, die ältere aber im 17. Jahrhundert sich in die noch bestehenden Linien Hechingen und Sigmaringen teilte. Beide haben 1850 ihre Länder freiwillig der Krone Preußens abgetreten. Dieselben werden jetzt von der in der Stadt Sigmaringen gebildeten Regierung unter Oberaufsicht des Oberpräsidenten der Rheinprovinz verwaltet – als Regierungsbezirk Sigmaringen mit den zwei Oberamtsbezirken Sigmaringen und Hechingen. Das Gesamtgebiet beträgt 21 QM mit 63.000 Einwohnern. Auf der Quadratmeile wohnen 3.000 Menschen. Die Hauptstadt ist Sigmaringen an der Donau mit 2.400 Einwohnern. Hechingen hat 3.100 Einwohner. In der Nähe liegt die wiederhergestellte schöne Burg Hohenzollern.

3. Das große Staatswappen

Das große Staatswappen beschreibend wurde nach dem Wiener Kongress festgestellt:

> Durch Allerhöchste Verordnung vom 9. Januar 1817 wegen des Königlichen Titels und Wappens ist festgelegt, dass ein größerer, mittlerer und kürzerer Titel und ein größeres, mittleres und kleineres Wappen nach Maßgabe der dieserhalb bestimmten Fälle geführt werden soll.

Nach der Reichsgründung wurde das Wappen erneut festgestellt:

> Durch Allerhöchsten Erlass vom 16. August 1873 betreffs die Abänderung des grossen und mittleren Königlichen Titels, wie er durch die Verordnung vom 9. Januar 1817 festgestellt worden und die Abänderung des durch den Allerhöchsten Erlass vom 17. Januar 1864 berichtigten großen und mittleren Königlichen Wappens, ist angeordnet, dass der große, mittlere und kürzere Titel in Zukunft also lauten sollen:

Beschreibung des großen Staatswappens:
Das große Staatswappen enthielt zuletzt 48 Felder und 3 Mittelschilder. Unten erschien ein roter Schildfuß, der den Regalienschild repräsentierte. Der Schild war von einem, mit der preußischen Königskrone gekrönten, goldenen Helm bedeckt, von den preußischen Orden umgeben und wurde von zwei fahnentragenden wilden Männern gehalten. Das ganze war von einem purpurnen, mit Adlern und Königskronen bestickten Wappenzelt umgeben, dessen Gipfel die Königskrone und das Reichspanier decken. Die blaue Randleiste des Zeltes trug den Wahlspruch König Friedrichs I. „Gott mit uns".

Der letzte amtierende König von Preußen: Wilhelm II.

Der große Titel des Preußischen Königs:
Wir W i l h e l m, von Gottes Gnaden König von Preußen, Markgraf zu Brandenburg, Burggraf zu Nürnberg, Graf zu Hohenzollern, souveräner und oberster Herzog von Schlesien wie auch der Grafschaft Glatz, Großherzog von Niederrhein und Posen, Herzog zu Sachsen, Westfalen und Engern, zu Pommern, Lüneburg, Holstein und Schleswig, zu Magdeburg, Bremen, Geldern, Cleve, Jülich und Berg sowie auch der Wenden und Kassuben, zu Crossen, Lauenburg, Mecklenburg, Landgraf zu Hessen und Thüringen, Markgraf der Ober- und Niederlausitz, Prinz von Oranien, Fürst zu Rügen, zu Halberstadt, Münster, Minden, Osnabrück, Hildesheim, zu Verden, Kammin, Fulda, Nassau und Moers, gefürsteter Graf zu Henneberg, Graf der Mark und zu Ravensberg, zu Hohenstein, Tecklenburg und Lingen, zu Mansfeld, Sigmaringen und Veringen, Herr zu Frankfurt.

Anordnung des großen königlichen Wappens:

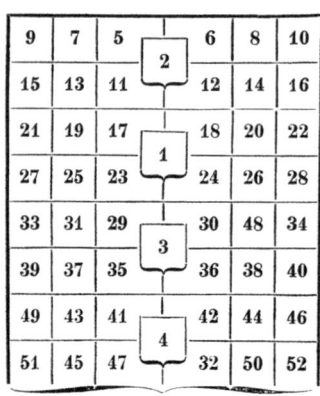

Das Wappen *Umstellung der Felder um 1840*
im Jahr 1817 *nach heraldischen Grundsätzen*
und historischen Veränderungen

Auflösung der Zahlen *[in Klammern nach der Feststellung von 1873]*:

[1] Königreich Preußen   *[Nr. 1]*
[2] Markgraftum Brandenburg   *[Nr. 2]*
[3] Burggraftum Nürnberg   *[Mit Hohenzollern Nr. 3]*
[4] Grafschaft Hohenzollern
[5] Herzogtum Schlesien   *[Nr. 4]*
[6] Großherzogtum Niederrhein   *[Nr. 5]*
[7] Großherzogtum Posen   *[Nr. 6]*
[8] Herzogtum Sachsen   *[Nr. 7]*
[9] Herzogtum Engern   *[Nr. 9]*
[10] Herzogtum Westfalen   *[Nr. 8]*
[11] Herzogtum Geldern   *[Nr. 16]*
[12] Herzogtum Magdeburg   *[Nr. 14]*
[13] Herzogtum Cleve   *[Nr. 17]*
[14] Herzogtum Jülich
[15] Herzogtum Berg   *[Nr. 19]*
[16] Herzogtum Stettin
[17] Herzogtum Pommern   *[Nr. 10]*

[18]	Herzogtum Kassuben	*[Nr. 21]*
[19]	Herzogtum Wenden	
[20]	Herzogtum Mecklenburg	*[Nr. 24]*
[21]	Herzogtum Crossen	*[Nr. 22]*
[22]	Landgrafschaft Thüringen	*[Nr. 26]*
[23]	Markgrafschaft Oberlausitz	*[Nr. 27]*
[24]	Markgrafschaft Niederlausitz	*[Nr. 28]*
[25]	Fürstentum Oranien und Neuchâtel	*[Oranien Nr. 29]*
[26]	Fürstentum Rügen	*[Nr. 30]*
[27]	Fürstentum Paderborn	*[Paderborn/Pyrmont Nr. 32]*
[28]	Fürstentum Halberstadt	*[Nr. 33]*
[29]	Fürstentum Münster	*[Nr. 34]*
[30]	Fürstentum Minden	*[Nr. 35]*
[31]	Fürstentum Kammin	*[Nr. 39]*
[32]	Fürstentum Wenden	*[Nr. 20]*
[33]	Fürstentum Schwerin	
[34]	Fürstentum Ratzeburg	
[35]	Fürstentum Moers	*[Nr. 42]*
[36]	Fürstentum Eichsfeld	
[37]	Fürstentum Erfurt	
[38]	Die Nassauischen Lande	*[Nr. 41]*
[39]	Gefürstete Grafschaft Henneberg	*[Nr. 43]*
[40]	Grafschaft Ruppin	
[41]	Grafschaft Mark	*[Mit Mark Nr. 45]*
[42]	Grafschaft Ravensberg	
[43]	Grafschaft Hohenstein	*[Nr. 46]*
[44]	Grafschaft Tecklenburg	
[45]	Grafschaft Schwerin	
[46]	Grafschaft Lingen	*[Mit Tecklenburg Nr. 47]*
[47]	Grafschaft Sayn	
[48]	Herrschaft Rostock	
[49]	Herrschaft Stargard	
[50]	Grafschaft Arnsberg	
[51]	Grafschaft Barby	
[52]	Regalien	

Das große königliche Wappen von 1817 mit vier Mittelschildern

8. Westfalen.	6. Posen.	4. Schlesien.	5. Niederrhein.	7. Sachsen.	9. Engern.
14. Magdeburg.	12. Holstein.	10. Pommern.	11. Lüneburg.	13. Schleswig.	15. Bremen.
20. Wenden.	18. Jülich.	16. Geldern.	2. Brandenburg.	17. Cleve.	19. Berg.	21. Kaffuben.
26. Thüringen.	24. Mecklenburg.	22. Croßen.	23. Lauenburg.	25. Heffen.	27. Oberlaufitz.
32. Paderborn. Pyrmont.	30. Rügen.	28. Niederlaufitz.	1. Preußen.	29. Oranien	31. Ostfriesland.	33. Halberstadt.
38. Verden.	36. Osnabrück.	34. Münster.	35. Minden.	37. Hildesheim.	39. Kammin.
44. Glatz.	42. Mörs.	40. Fulda.	3. Nürnberg. Zollern.	41. Naffau.	43. Henneberg.	45. Mark. Ravensberg.
50. Veringen.	48. Mansfeld.	46. Hohenstein.	47. Tecklenburg. Lingen.	49. Sigmaringen.	51. Frankfurt.

52. Regalien.

Die Anordnung des großen Wappens nach der Feststellung von 1873

Anmerkung:
Bei den nachfolgenden Erläuterungen zu den einzelnen Ländern bzw. Landesteilen Preußens wurde die Anordnung des königlichen Wappens von 1873 zu Grunde gelegt. Jede Zahl steht für ein Land bzw. einen Landesteil und bestimmt deren Reihenfolge.

Der Text richtet sich nach den Zahlen 1-52. Jedes Gebiet kann so mit Hilfe der Zahl sowohl auf dem Wappen als auch im Text aufgesucht werden. *[Erläuterungen zum großen Wappen der Feststellung 1817 haben hinter der Nr. diese Jahreszahl].*

[1] Das Königreich Preußen

Das erste Mittelschild, mit der königlichen Krone bedeckt, liegt auf der Herzstelle.

Wegen des Königreichs Preußen. *Im silbernen Feld ein schwarzer, goldbewehrter, rotgezungter Adler, der mit der Königlichen Krone gekrönt ist und in der rechten Klaue den goldenen Königszepter, in der linken einen blauen, goldbereiften und bekreuzten Reichsapfel hält. Die Flügel sind mit goldenen Kleestängeln bedeckt. Auf der Brust des Adlers steht der Namenszug König Friedrichs I., die verschlungenen Buchstaben* **FR**.

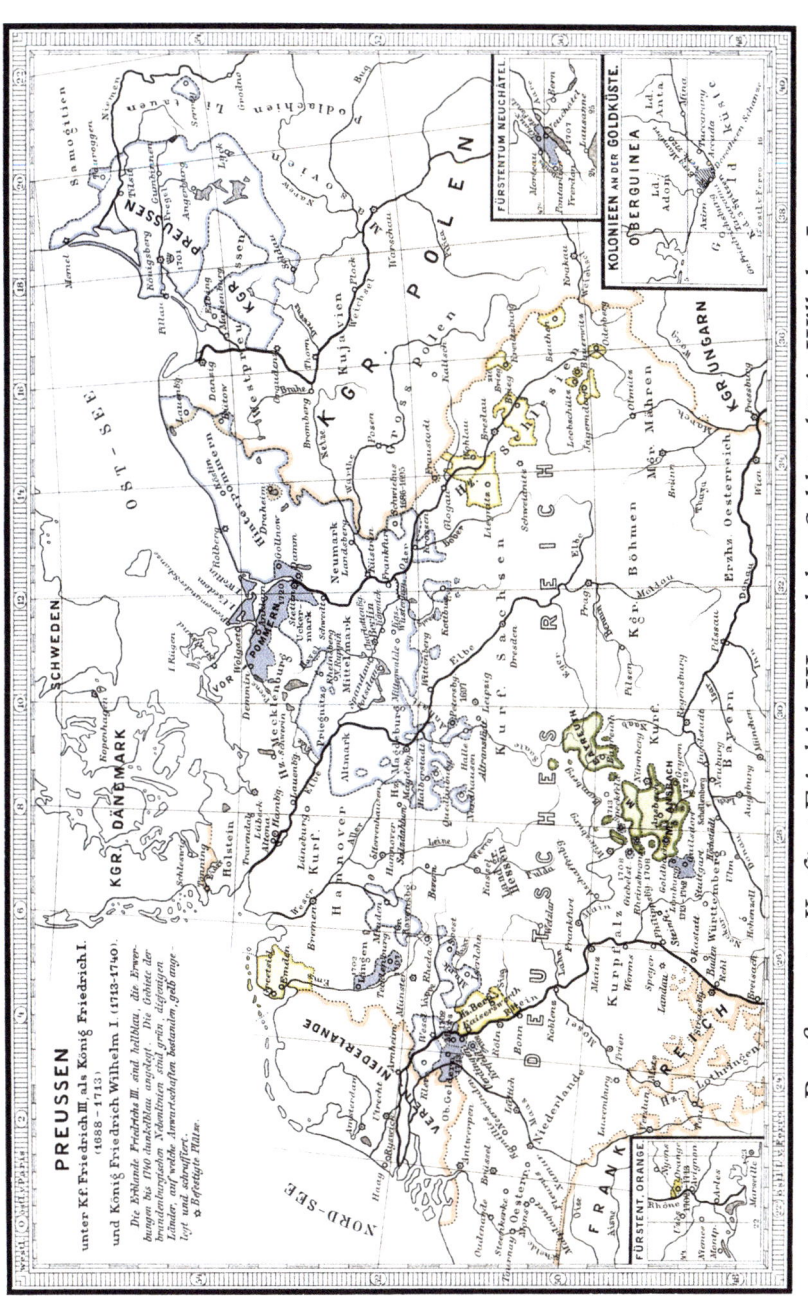

Preußen unter Kurfürst Friedrich III. und dem Soldatenkönig Wilhelm I.

Der Name Preußen ging von dem Herzogtum Preußen *[Ostpreußen]* auf die Lande des Kurfürsten von Brandenburg über, als dieses 1701 *[unter Friedrich III./I.]* zum Königreich erhoben wurde. Der Titel „König" haftete von vornherein nur an dem Land Preußen, das damals nicht zum Deutschen Reich gehörte. Für die übrigen Gebiete blieb Friedrich Markgraf, Herzog usw.

Da aber bereits Kurfürst Friedrich Wilhelm begonnen hatte, einen einheitlichen Staat aus seinen verschiedenen Ländern zu bilden, so war die Übertragung des Namens „Königreich Preußen" auf den gesamten Besitz des Kurfürsten von Brandenburg schnell üblich geworden.

Durch tatkräftige Unterstützung des deutschen Kaisers auf zahlreichen Kriegsschauplätzen gelang es dem Kurfürsten Friedrich III. von Brandenburg, für seinen Staat und sein Haus eine Rangerhöhung von diesem bewilligt zu bekommen.

Friedrich III. ließ sich am 18. Januar 1701 in Königsberg zum König in Preußen krönen.

Im Utrechter Frieden von 1713 wurde diese Rangerhöhung auch von den übrigen europäischen Staaten anerkannt. Unter Friedrich Wilhelm I. *[1713-1740]* wurde der preußische Staat reorganisiert und militärisch aufgerüstet, sodass sein Sohn, Friedrich II. *[1740-1786]*, das Königreich erheblich vergrößern und in die Reihe der europäischen Großmächte einführen konnte.

Unter Friedrich Wilhelm II. erlangte Preußen durch die drei polnischen Teilungsverträge einen riesigen Gebietszuwachs. Das Staatsgebiet war nun auf über 300.000 km² angewachsen *[mit rund 8.700.000 Einwohnern]*. Doch das Heer war verwahrlost und die Organisation des Staates und die Staatsverwaltung nicht mit der ungeheuren Vergrößerung des Staates fortgeschritten. Auch waren die Finanzen vollständig zerrüttet.

Krönung Friedrichs III. Kurfürst von Brandenburg zum ersten König in Preußen

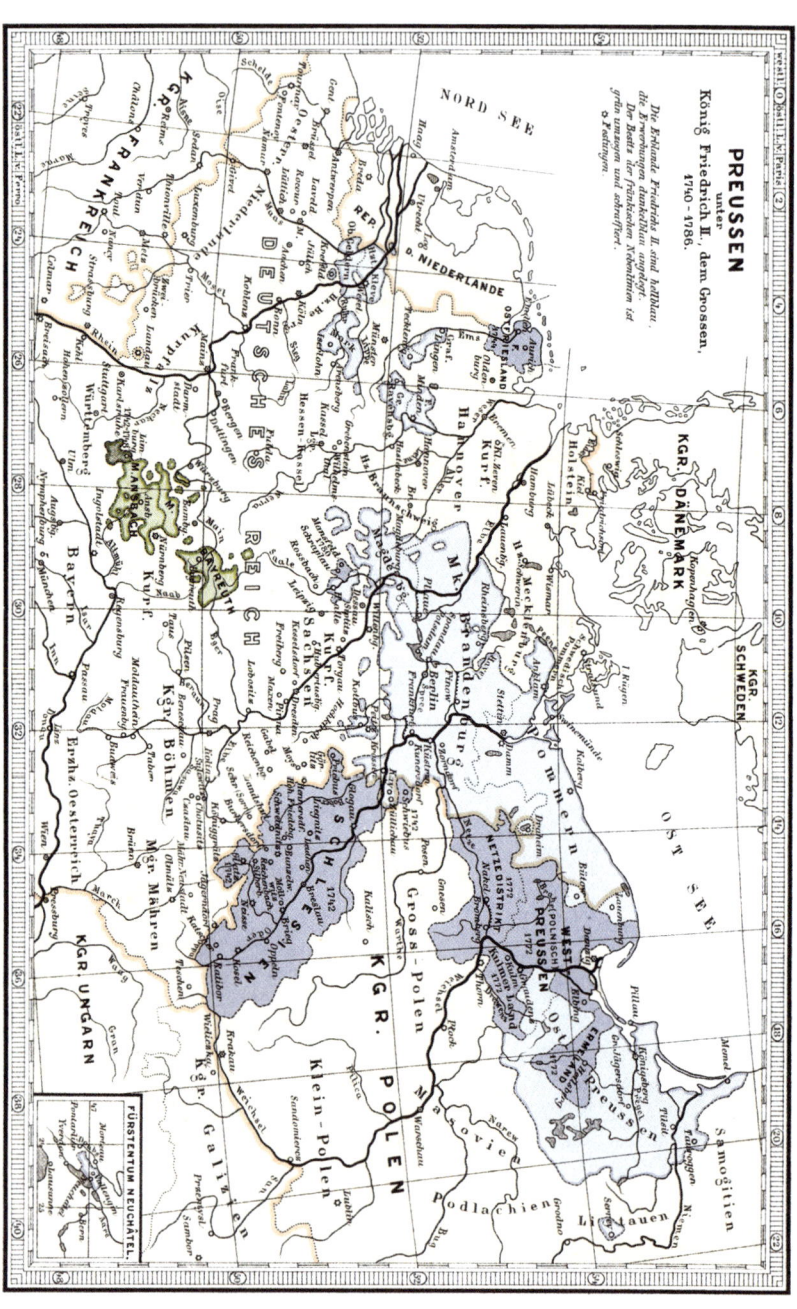

Preußen unter Friedrich dem Großen

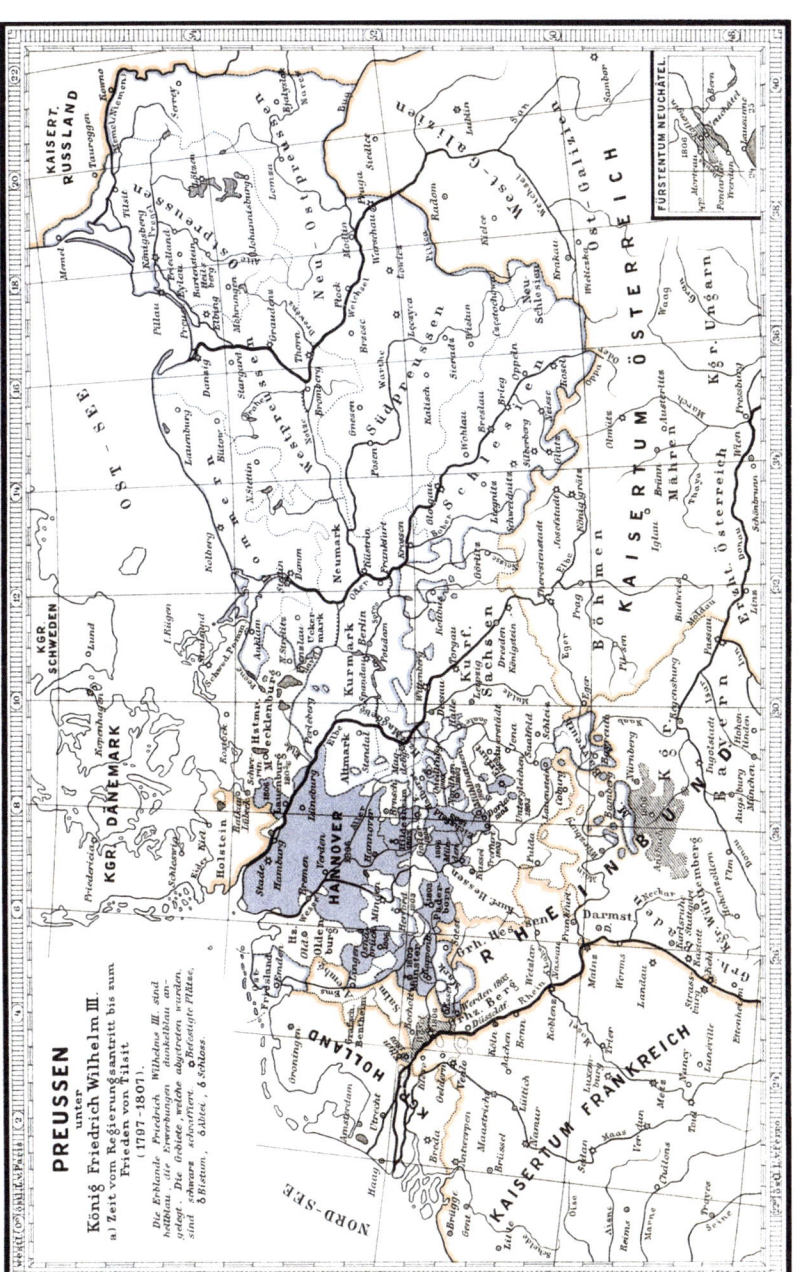

Preußen in den Jahren von 1797 bis 1807

Unter Friedrich Wilhelm III. konnte Preußen zuerst noch weitere Gebiete erwerben *[Reichsdeputationshauptschluss 1803 und vorübergehend sogar das Königreich Hannover]*, kam dann durch die Katastrophe bei Jena und Auerstedt *[1806]* aber fast zu Fall. Im Frieden von Tilsitt *[9. Juli 1807]* verlor Preußen schließlich alle Gebiete links der Elbe und die Erwerbungen aus der zweiten und dritten polnischen Teilung.

Nach dem Wiener Kongress *[1815]* konnte Preußen einen großen Teil der Gebiete, die in der napoleonischen Zeit verloren gegangen waren, wieder zurückerwerben bzw. auch einige Gebiete ganz neu hinzugewinnen.

Nach 1815 war Preußen neben Österreich die größte Macht im Deutschen Bund. Der folgende Kampf dieser beiden Mächte um die Vorherrschaft in Deutschland erreichte im preußisch-deutschen Krieg seinen Höhepunkt und Abschluss. Preußen siegte bei Königgrätz 1866, und Österreich wurde aus Deutschland herausgedrängt. Das Königreich Hannover, Kurhessen, Nassau sowie die Stadt Frankfurt a. M., die in diesem Krieg auf der Seite von Österreich gestanden hatten, wurden mit Preußen vereinigt, ebenso Schleswig-Holstein.

In dem, durch die Verständigung der verbliebenen deutschen Staaten mit Preußen, errichteten Norddeutschen Bund erhielt die preußische Krone das Präsidium, und Preußen wurde der leitende Staat des Bundes.

Nach dem Sieg Deutschlands *[der Norddeutsche Bund und die süddeutschen Staaten]* über Frankreich im deutsch-französischen Krieg 1870/71 kam es zur Umwandlung des Norddeutschen Bundes – vermehrt durch den Zutritt der süddeutschen Staaten – in das Deutsche Reich.

Als dieses 1918 unterging, verlor Preußen wichtige Gebiete seines Staatsgebietes. Ostpreußen war sogar gänzlich vom Hauptgebiet Preußens abgetrennt worden.

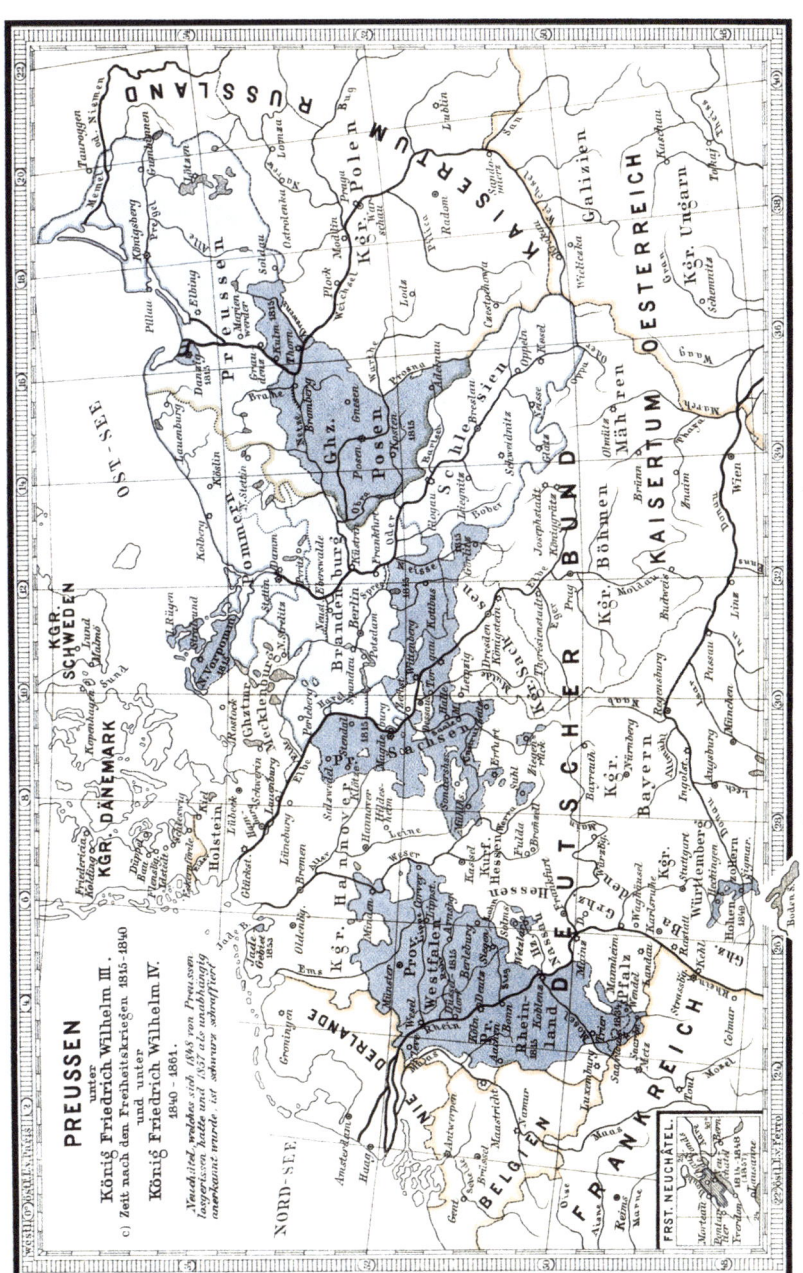

Preußen in den Jahren von 1815 bis 1861

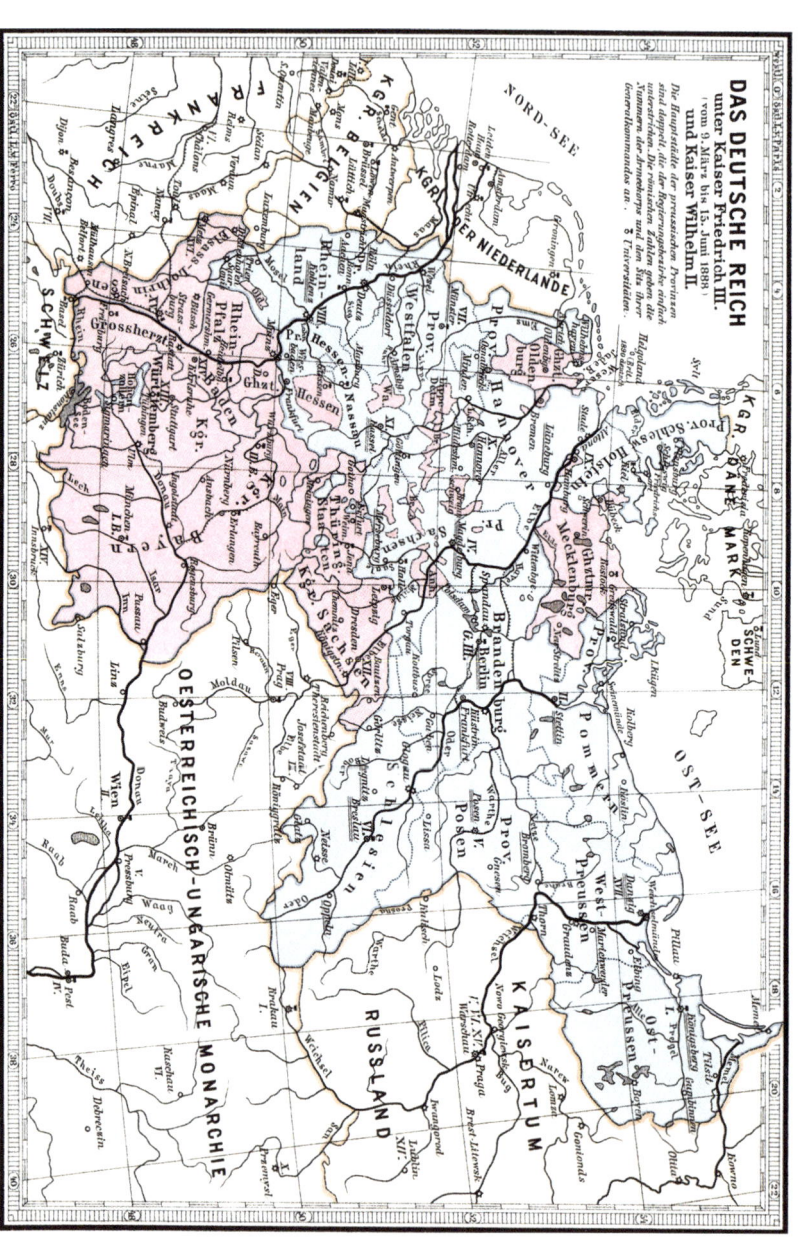

Preußen in der Kaiserzeit

Aber auch in der Weimarer Republik blieb Preußen das größte und wichtigste Land Deutschlands *[seit 1918 republikanischer Freistaat, Verfassung vom 30.11.1920]*. Seit dem 20. Juli 1932 wurde das Land von einem Reichskommissar verwaltet und schließlich in der NS-Zeit gleichgeschaltet.

Nach dem Zweiten Weltkrieg wurde Preußen am 25. Februar 1947 durch Gesetz Nr. 46 des Alliierten Kontrollrats rechtlich aufgelöst.

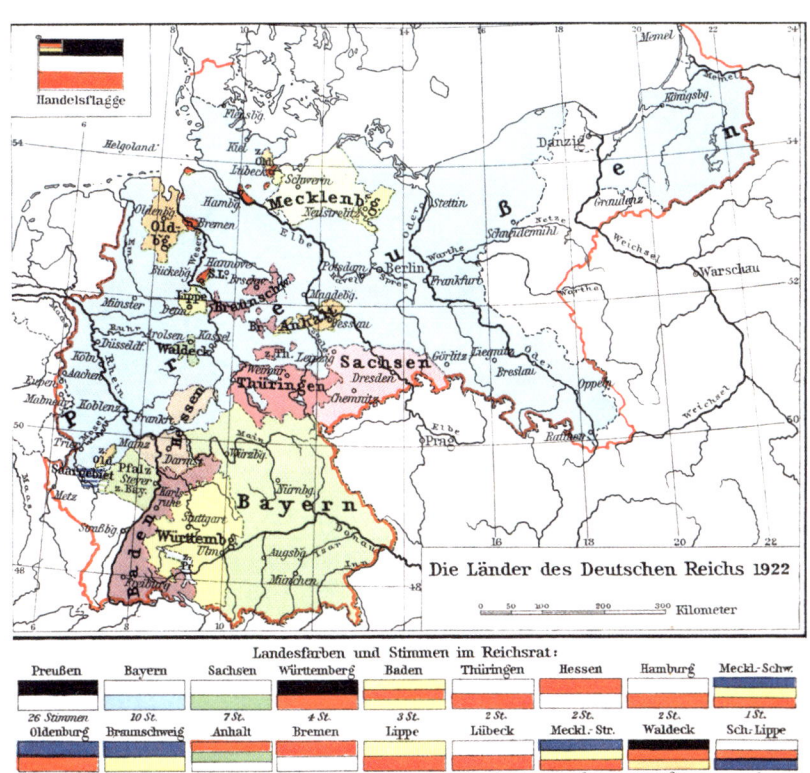

Preußen zur Zeit der Weimarer Republik

Die Provinzwappen Preußens
[während der Weimarer Republik]

Nieder-Schlesien Ostpreußen Sachsen

Schloss Sanssouci

[2] Das Markgraftum Brandenburg

Das zweite Mittelschild, mit der Königlichen Krone bedeckt, liegt auf der Ehrenstelle.

Wegen des Markgraftums Brandenburg. *Im silbernen Schild ein roter, goldbewehrter, rotgezungter Adler, der mit dem Kurhut geschmückt ist. In der rechten Klaue hält er einen goldenen Zepter, in der linken ein goldbegrifftes Schwert. Die Flügel sind mit goldenen Kleestängeln bedeckt. Auf der Brust liegt ein blaues Herzschildlein, worin ein aufrecht gestellter goldener Zepter erscheint.*

Bereits unter Kaiser Otto I. wurden die Bistümer Havelberg *[946]* und Brandenburg *[948]* gestiftet, die aber durch einen Aufstand der Wenden bald wieder zu Grunde gingen.

Erst 150 Jahre später vermochte dann der Askanier Albrecht der Bär *[* ca. 1100, †1170]*, in diesem Gebiet wieder Fuß zu fassen. 1134 wurde er mit der Nordmark *[Gegend um die Stadt Brandenburg]*

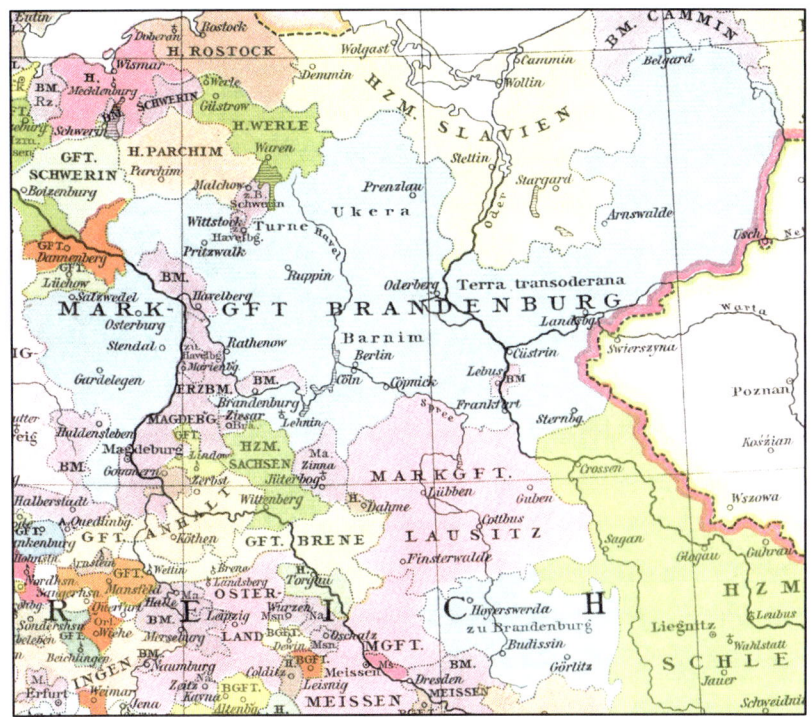

Das Markgraftum Brandenburg zur Zeit der Staufer

belehnt. Er drängte mit Gewalt und List die Wenden zurück und legte durch die Eroberung der Priegnitz und Zauche, sowie des Havel- und Spreegebietes die Grundlage für die spätere Mark Brandenburg. Seit 1157 nannte sich Albrecht der Bär „Markgraf von Brandenburg".

1181 erwarb sein Sohn Otto I. *[1170-1184]* die Lehnshoheit über Pommern. Johann I. und Otto III. erweiterten das Gebiet weiter: Sie nahmen den Wenden Barnim und Teltow und den Pommern Stargard und die Uckermark.

1244 erkannten die Pommern erneut die Lehnshoheit der Askanier an. 1260 wurde die Neumark erobert, danach auch Lebus und die Oberlausitz durch Kauf erworben, später ebenso durch Kauf oder Pfand die Mark Landsberg, die Niederlausitz, Torgau und Dresden.

Stadtwappen Torgau   *Stadtwappen Dresden*

Brandenburg unter den Askaniern

1320 erlosch die brandenburgische Dynastie der Askanier. Nach heftigen Kämpfen gab schließlich König Ludwig **1323** das Gebiet seinem unmündigen Sohn Ludwig dem Älteren *[1323-1351]:* **An die Wittelsbacher.**

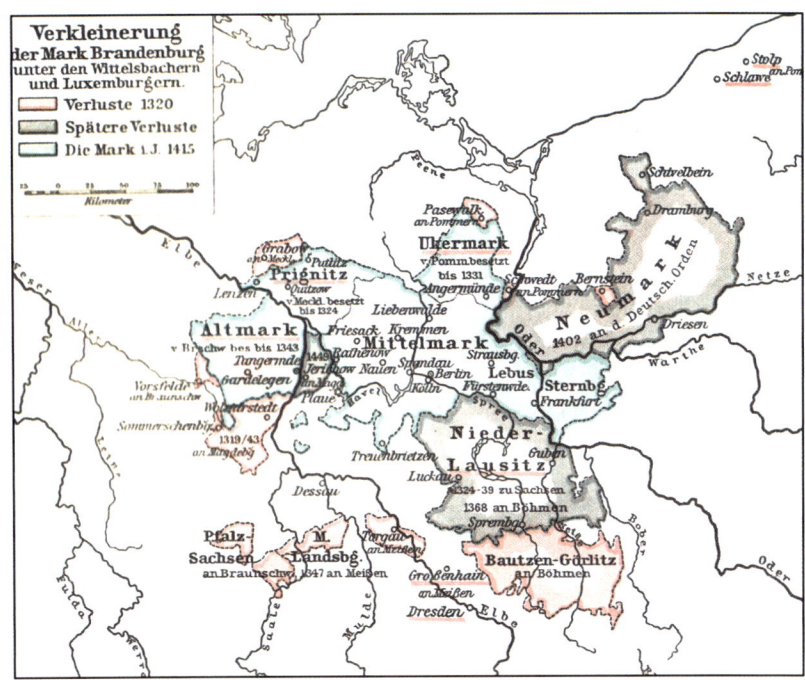

Brandenburg unter den Wittelsbachern und Luxemburgern

1356 wurde Brandenburg durch die Goldene Bulle *[Kaiser Karl IV.]* im Besitz der Kurwürde bestätigt.

Unter dem letzten Wittelsbacher, Otto dem Faulen *[1365-1373]*, kam Brandenburg **1373 an das Haus Luxemburg.**

Nach dem Tod Kaiser Karls IV. *[1378]* kamen die Marken an Kaiser Sigismund, der diese 1388 an den Markgrafen Jost von Mähren verpfändete. 1402 wurde die Neumark an den Deutschen Orden verkauft.

Nach dem Tode Josts ernannte Kaiser Sigismund am 8. Juli 1411 seinen Rat und Feldherrn, den Burggrafen Friedrich von Nürnberg, aus dem Hause Hohenzollern, zum obersten Verweser und Hauptmann, am 30. April 1415 auch zum Kurfürsten von Brandenburg. Die feierliche Belehnung erfolgte am 18. April 1417.

Brandenburg als eines der sieben Kurfürstentümer des Deutschen Reiches

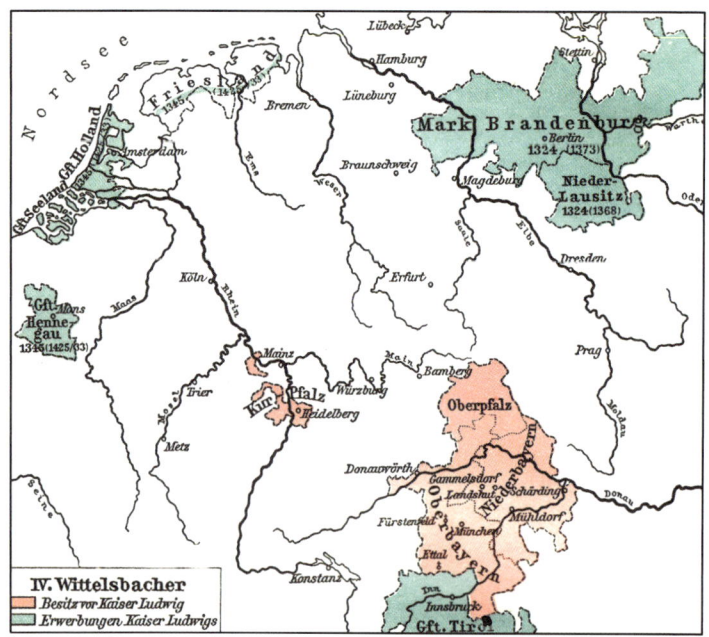

Der Besitz der Wittelsbacher

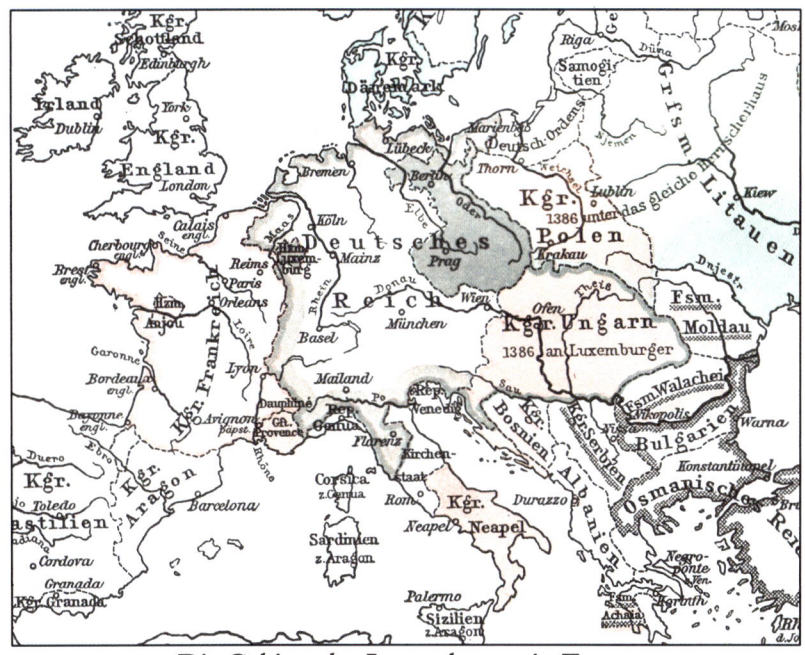

Die Gebiete der Luxemburger in Europa

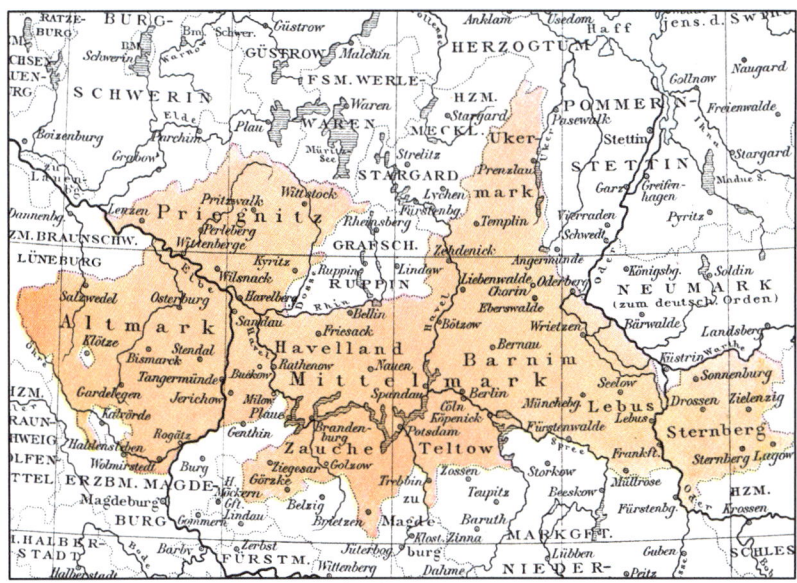

Brandenburg um 1417

Unter Kurfürst Friedrich II. *[1440-1470]* wurde 1455 die Neumark und 1467 ein Teil der verloren gegangenen Niederlausitz wieder erworben.

Durch die Heirat Johann Sigismunds *[1608-1620]* mit Anna, der ältesten Tochter des Herzogs Albrecht von Preußen, kam das preussische Herzogtum, 1614 durch die jülisch-klevische Erbschaft Kleve, Mark, Ravensberg und Ravenstein zu Brandenburg.

Seit dem Großen Kurfürsten *[Friedrich Wilhelm (1640-1688)]* geht schließlich die Geschichte Brandenburgs in der von Preußen auf.

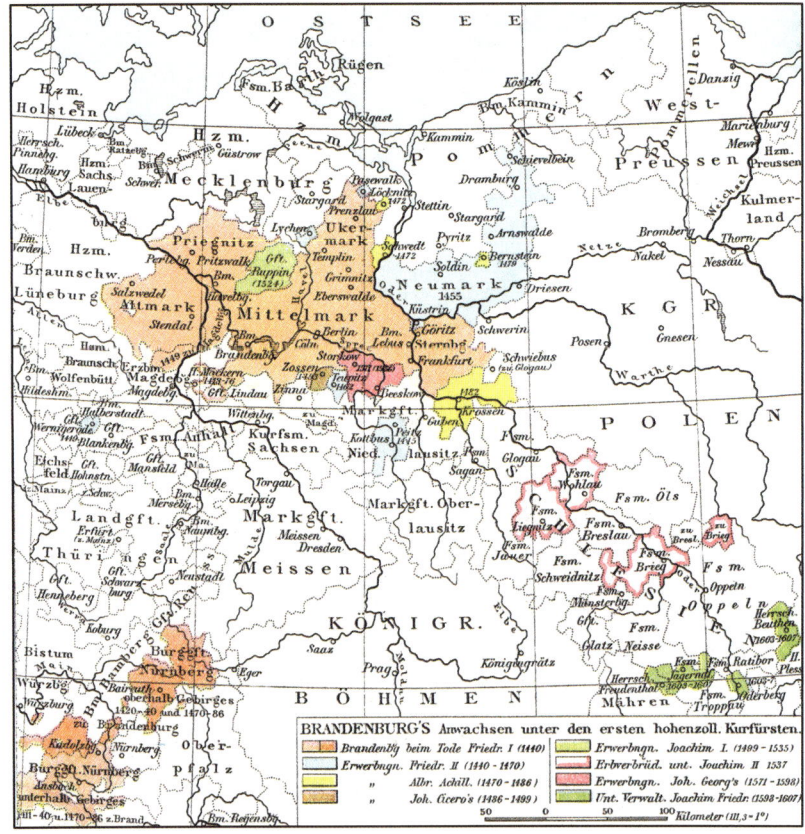

Brandenburg unter den ersten Hohenzollern

Der Große Kurfürst

Wappen der Stadt Brandenburg

Die Provinz Brandenburg in der Kaiserzeit

Die Provinz Brandenburg bestand in der Kaiserzeit:

1. Aus Teilen der Kurmark Brandenburg [ohne Altmark],
2. aus Teilen der Neumark,
3. aus dem Herzogtum Crossen,
4. aus der Niederlausitz,
5. aus der davor oberlausitzschen Herrschaft Baruth,
6. aus einem Teil des Fürstentums Querfurt [die Ämter Jüterbog und Dahme],
7. aus den davor zum Meißnischen Kreis gehörenden Ämtern Senftenberg und Finsterwalde,
8. aus dem vorher zum Kurkreis gehörenden Amt Belzig,
9. aus einem Teil des vormaligen Erzstifts Magdeburg [Zinna]
10. und schließlich aus dem vormals zu Schlesien gehörenden Kreis Schwiebus.

Die Provinz war eingeteilt in die Regierungsbezirke Potsdam und Frankfurt an der Oder und hatte eine Fläche von 39.834,3 km².

Wappen der Stadt Neuruppin

Wappen der Stadt Frankfurt a. d. Oder

[3] Das Burggraftum Nürnberg und die Grafschaft Hohenzollern *[1817 als 3 und 4]*

Das dritte Mittelschild, mit einem Fürstenhut bedeckt, ist quer geteilt und liegt auf der Haupt- [Nabel-] Stelle.

Wegen des Burggraftums Nürnberg und der Grafschaft Hohenzollern. Oben mit goldenen, mit einer von Silber und Rot zu zwölf gestückten Einfassung umgebenen Teil, ein schwarzer, aufgerichteter, rotbewehrter, rotbezungter und rotgekrönter Löwe mit gedoppeltem Schweif [Nürnberg], B) unter ein von Silber und Schwarz geviertes Feld [Hohenzollern].

Die Burg Hohenzollern

Zur Geschichte:

1219 wurde der Stadt Nürnberg von Kaiser Friedrich II. ein Freiheitsbrief verliehen. Dadurch war die Stadt nur dem deutschen König untertan. Als Feinde der Stadt zeigten sich besonders die Burggrafen von Nürnberg *[= seit 1415 die Markgrafen von Brandenburg-Ansbach-Bayreuth]*.

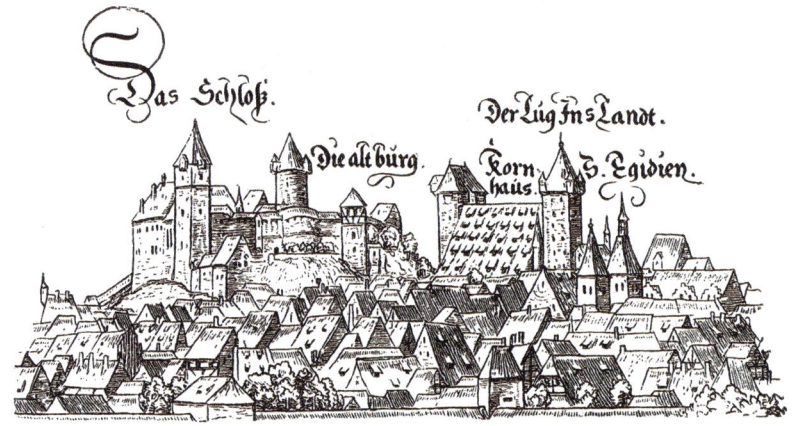

Die Burg von Nürnberg im Mittelalter

„Burggraf" nannte man im Mittelalter einen Grafen, der zugleich auch Stadtkommandant war. Er hatte sein Amt von Kaiser und Reich *[gelegentlich auch von Bischöfen]* zu Lehen.

Burggrafen gab es u.a. in Augsburg, Straßburg, Nürnberg, Regensburg, Meißen, Magdeburg und Brandenburg.

Bereits im Laufe des 13. Jahrhunderts verlor das Amt des Burggrafen seine Bedeutung.

In einigen fürstlichen Familien hatte sich der Titel „Burggraf" weiter erhalten *[so auch als Titel des Königs von Preußen]*.

Der Graf von Zollern, Friedrich III., vermählte sich 1171 mit Sophia, der Tochter des Grafen Conrad von Rätz. Als Conrad, der auch Burggraf von Nürnberg war, ohne einen männlichen Erben starb, wurde dessen Schwiegersohn Burggraf von Nürnberg.

Dessen Sohn Friedrich wurde der Stammvater der schwäbischen Linie, sein anderer Sohn, Conrad, zum Stifter der fränkischen Linie der Hohenzollern. Bei der Teilung des väterlichen Besitzes erhielt Conrad den alleinigen Besitz des Burggraftums Nürnberg.

Zum Titel „Graf von Hohenzollern":
Ursprünglich führten die Kurfürsten von Brandenburg den Titel „Graf von Hohenzollern" nicht, ebenso wenig führten die Grafen von Zollern den Titel „Burggraf zu Nürnberg".

Doch 1695 kam es zu einem Erbvertrag zwischen der fränkischen und der schwäbischen Linie der Hohenzollern. Seitdem durften beide Linien beide Titel führen.

Belehnung des Burggrafen Friedrich von Nürnberg mit der Mark Brandenburg durch Kaiser Sigismund
[Friedrich hält kniend vor dem Kaiser die eben empfangene Lehnsfahne mit dem brandenburgischen roten Adler, Herzog Rudolf von Sachsen hält dem Kaiser das Schwert. Zepter und Reichsapfel werden bereitgehalten, Trompeten und Posaunen blasen den Tusch.]

Friedrich I. Kurfürst von Brandenburg:

Friedrich I. *[1371-1440]*, Kurfürst von Brandenburg, war der Sohn Friedrich V. von Hohenzollern, Burggrafen von Nürnberg. Er folgte seinem Vater als Friedrich VI. in der Regierung des Fürstentums Ansbach und war eine wichtige Stütze König Sigismunds in dessen zahlreichen Kämpfen. Auch setzte sich Friedrich besonders für dessen Wahl zum deutschen Kaiser ein. Als Belohnung für seine Taten, übertrug ihm Sigismund 1411 das Kurfürstentum Brandenburg zur Verwaltung, 1415 auch *erblich und eigentümlich.*

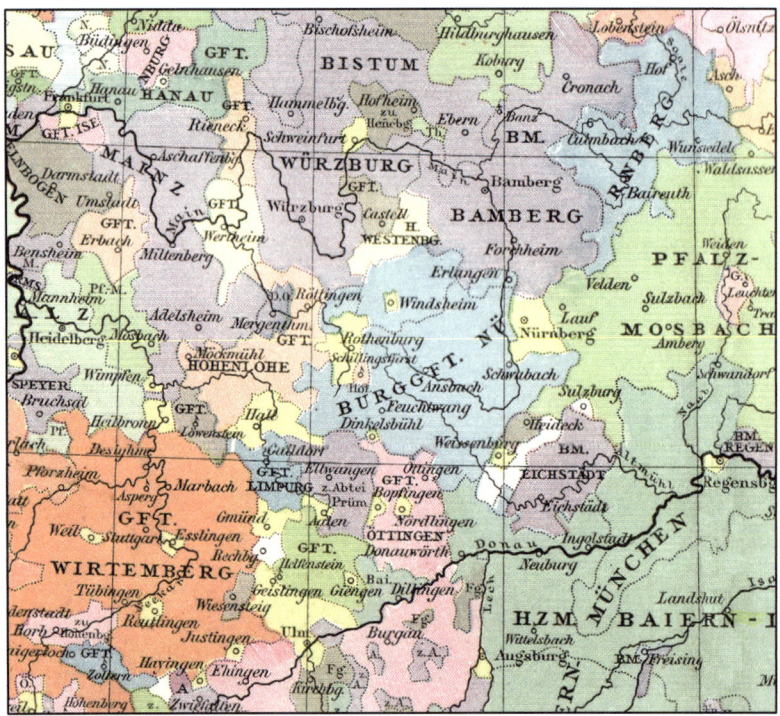

Die Burggrafschaft Nürnberg im 14. Jahrhundert

Nach dem Tod Kaiser Sigismunds bewarb sich Friedrich zweimal um die deutsche Königskrone, wurde aber 1438 als auch 1440 nicht gewählt. Nach Friedrichs Tod wurde dessen Territorium unter seinen drei Söhnen aufgeteilt: Johann erhielt Bayreuth, Friedrich die Mark, Al-brecht Ansbach.

[4] Das souveräne Herzogtum Schlesien

Wegen des souveränen Herzogtums Schlesien. Im goldenen Feld ein schwarzer, goldbewehrter, rotgezungter, mit der Herzogskrone bedeckter Adler. Auf der Brust desselben liegt ein silberner Halbmond, zwischen dessen aufwärts gehenden Spitzen ein silbernes Kreuz hervorwächst.

Anmerkung:
Die „Herzogskrone" wurde dem Adler zuerst 1864 gegeben, wogegen er laut der Verordnung von 1817 nur als „gekrönt", 1804 sogar noch „ungekrönt" erscheint.

Zur Geschichte:
Bis 1740 gehörte Schlesien zum habsburgischen Reich. Das vormals ganz lutherisch gewordene Schlesien wurde nach dem Dreißigjährigen Krieg durch die „Gegenreformation" zu großen Teilen wieder rekatholisiert. Obwohl sich unter Kaiser Karl VI. die Lage der Protestanten wieder verschlechtert hatte, erkannten die schlesischen Stände 1720 die Pragmatische Sanktion und damit Maria Theresia als künftige Landesherrin an.

Schlesien im 18. Jahrhundert

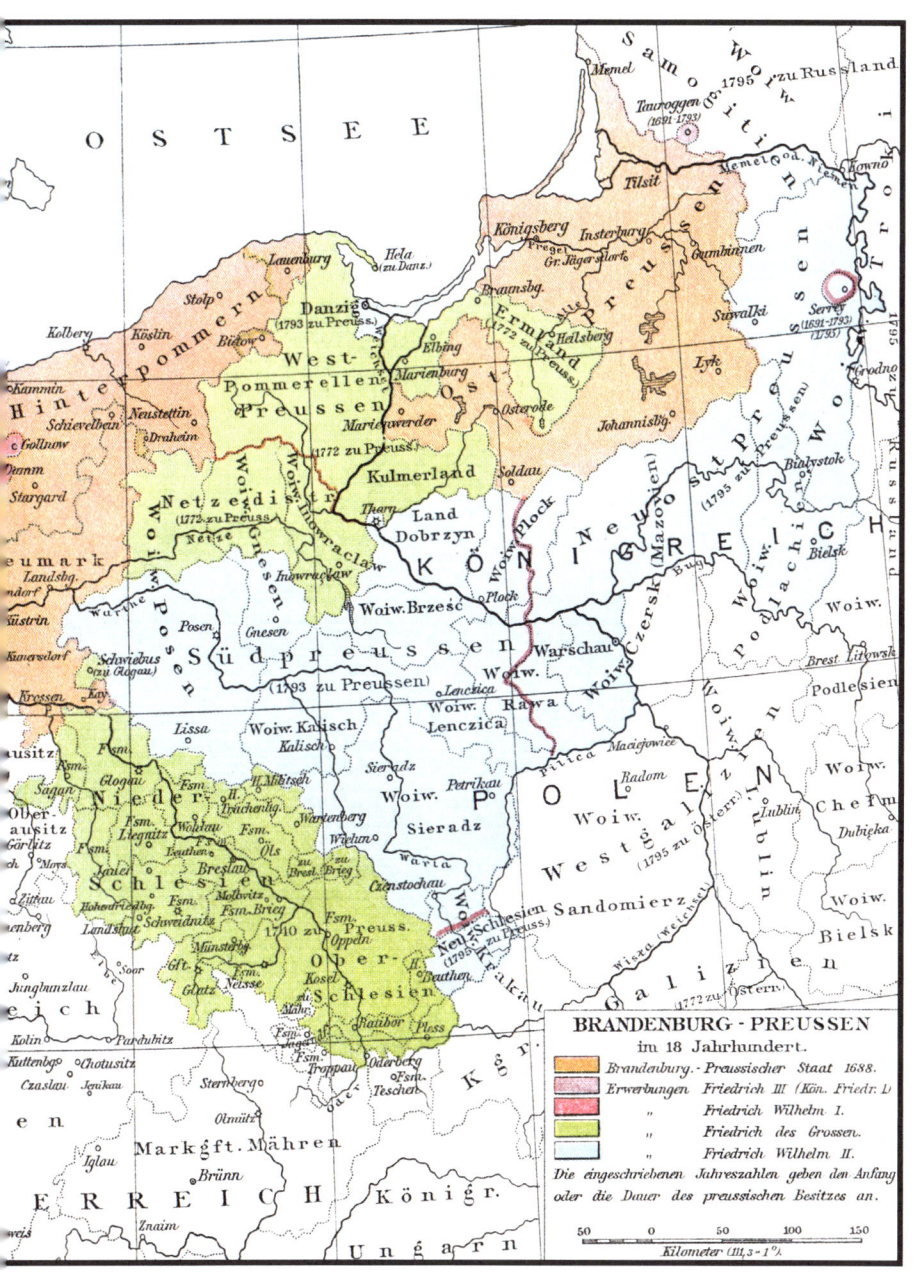

nter Friedrich II.

Erwerbung Schlesiens durch die Habsburger

Der preußische König, Friedrich II., erhob bei seinem Regierungsantritt *[1740]* Ansprüche auf die schlesischen Herzogtümer Liegnitz, Brieg, Wohlau und Jägerndorf.

Anmerkung:
Während des Dreißigjährigen Krieges verlor der Hohenzoller Johann Georg sein Fürstentum Jägerndorf, weil er auf der Seite Friedrich V. von der Pfalz *[= Seite der Protestanten]* gestanden hatte. Auf die Fürstentümer Wohlau, Liegnitz und Brieg hatte vor Friedrich II. schon Friedrich Wilhelm von Brandenburg *[gemäß eines Erbvertrages von 1537]* Ansprüche erhoben, aber nur den Kreis Schwiebus erhalten *[dieser musste 1694 an den Kaiser wieder zurückgegeben werden]*.

Noch im gleichen Jahr rückte Friedrich in Schlesien ein, und nach drei langen Kriegen um Schlesien hatte er dieses für Preussen gewinnen können *[ohne die Fürstentümer Teschen, Troppau und Jägerndorf]*.

Stadtwappen
Liegnitz

Stadtwappen
Brieg

Stadtwappen
Wohlau

Stadtwappen
Jägerndorf

Stadtwappen
Oels

Stadtwappen
Trebnitz

Seit der Neuorganisation Preußens 1807 bildete Schlesien eine Provinz des preußischen Staates. 1815 wurde es durch den von Sachsen abgetretenen Teil der Oberlausitz und einige andere Gebiete vergrössert.

Nach dem Ersten Weltkrieg verlor Schlesien wichtige Industriegebiete, die abgetrennt und an Polen gegeben wurden. Während der Weimarer Republik war Schlesien in zwei Provinzen, Ober- und Niederschlesien *[s. dazu die preußischen Provinzwappen]*, unterteilt. Nach dem Zweiten Weltkrieg fiel fast ganz Schlesien an Polen.

[5] Das Großherzogtum Niederrhein

Wegen des Großherzogtums Niederrhein. Im silbernen Feld der preußische Reichsadler, auf dessen Brust ein grünes, mit einem silbernen, wellenweise gezogenen Schrägrechtsbalken belegtes, mit einer Krone bedecktes Herzschildlein ruht.

Zur Geschichte:

Das Großherzogtum Niederrhein wurde durch die 1815 neu erworbenen Gebiete des linken Rheinufers gebildet *[außer Geldern, Kleve, Jülich und Moers]* und bestand vornehmlich aus Teilen der vier vormaligen Kurfürstentümer Mainz, Trier, Köln und Pfalz. 1824 wurde das Großherzogtum Niederrhein mit Kleve-Berg zur Rheinprovinz vereinigt.

Mainz — *Stadtwappen Trier* — *Köln*

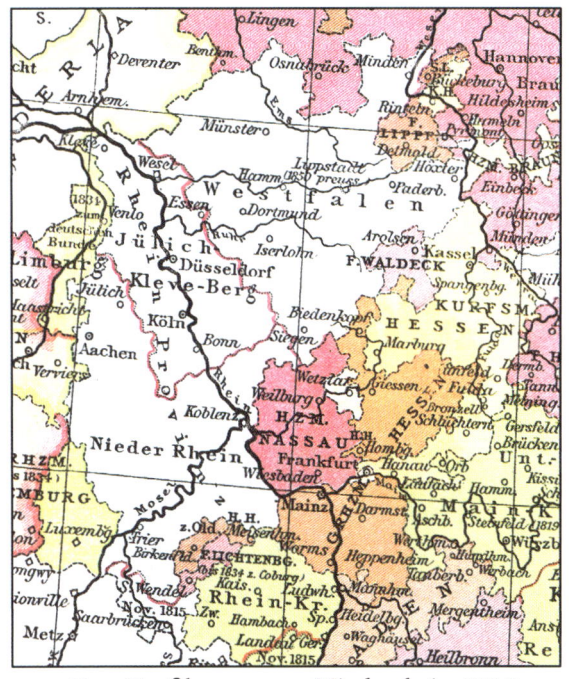

Das Großherzogtum Niederrhein 1815

Aachen mit Blick auf das Münster

[6] Das Großherzogtum Posen

Wegen des Großherzogtums Posen. Im silbernen Feld der Preußische Reichsadler, an dessen Brust ein rotes, mit einem silber-nen, goldbewehrten, rotbezungten, goldgekrönten Adler belegtes, mit einer Krone bedecktes Herzschildlein ruht.

Nach dem Untergang Napoleons und der Auflösung des Großherzogtums Warschau wurde das Großherzogtum Posen vornehmlich aus Teilen des vormaligen Departements Posen und Teilen des vormaligen Departements Bromberg und Kalisch gebildet.

Preußen und das Großherzogtum Warschau 1812

[7] Das Herzogtum Sachsen

Wegen des Herzogtums Sachsen. In einem von Gold und Schwarz zehnmal quergestreiften Feld ein schräg rechts liegender grüner Rautenkranz.

Das Herzogtum Sachsen wurde im Jahr 1815 aus Teilen des Meissenschen und des Leipziger Kreises des Königreichs Sachsen gebildet und war Teil der preußischen Provinz Sachsen.

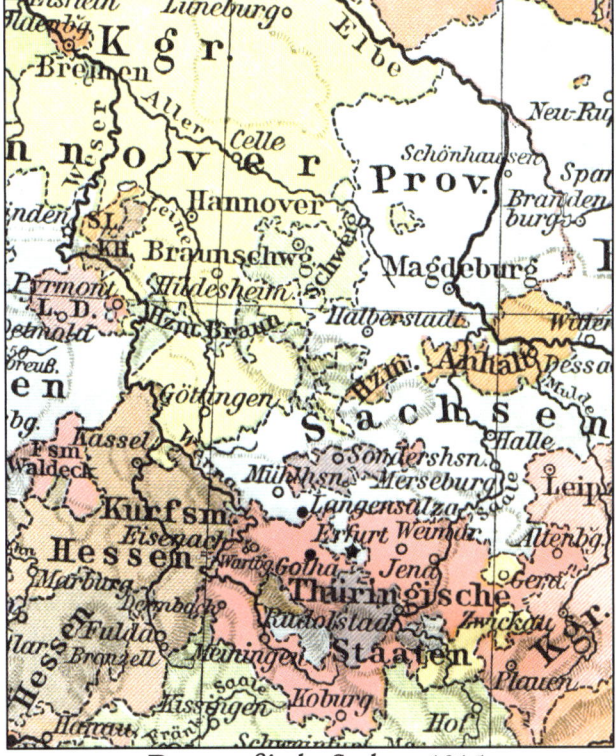

Das preußische Sachsen 1815

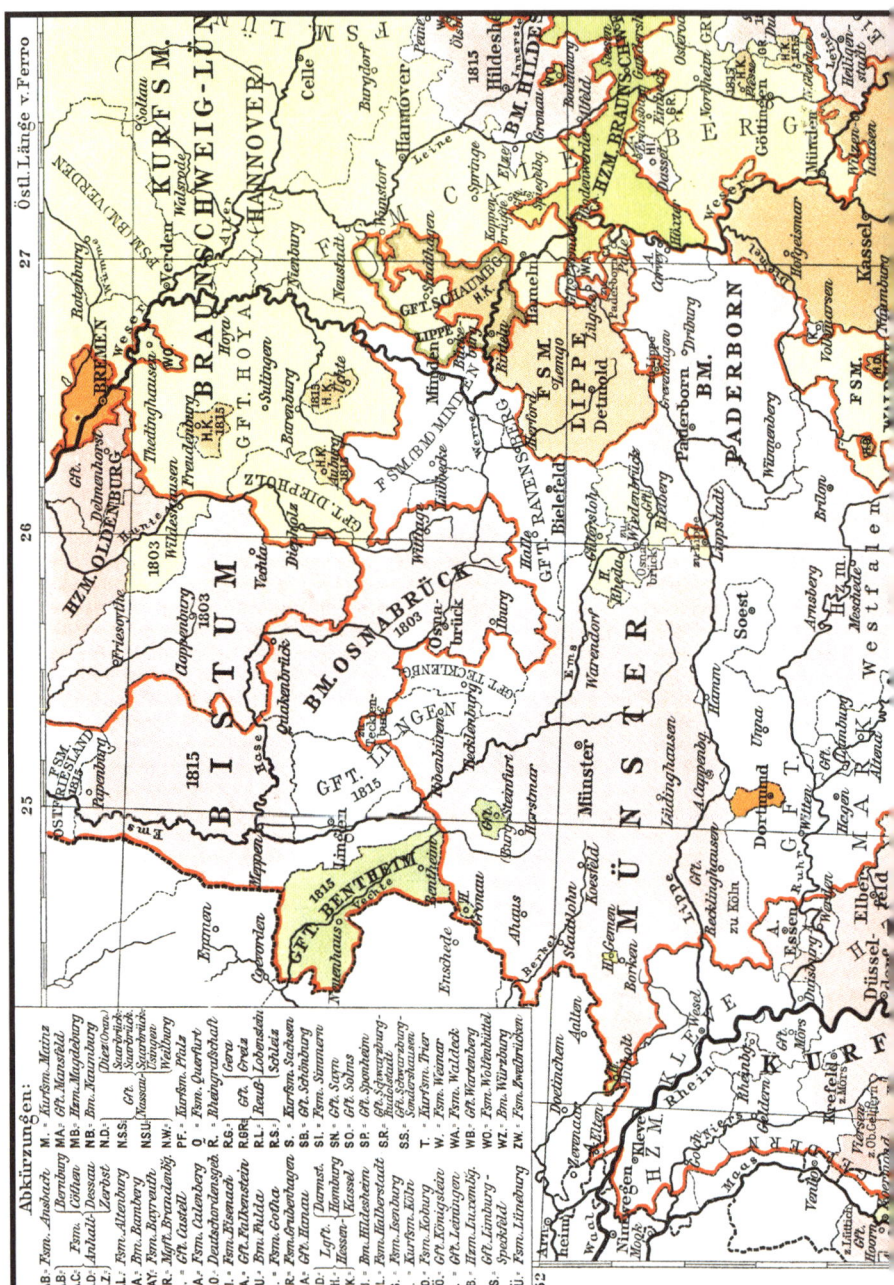

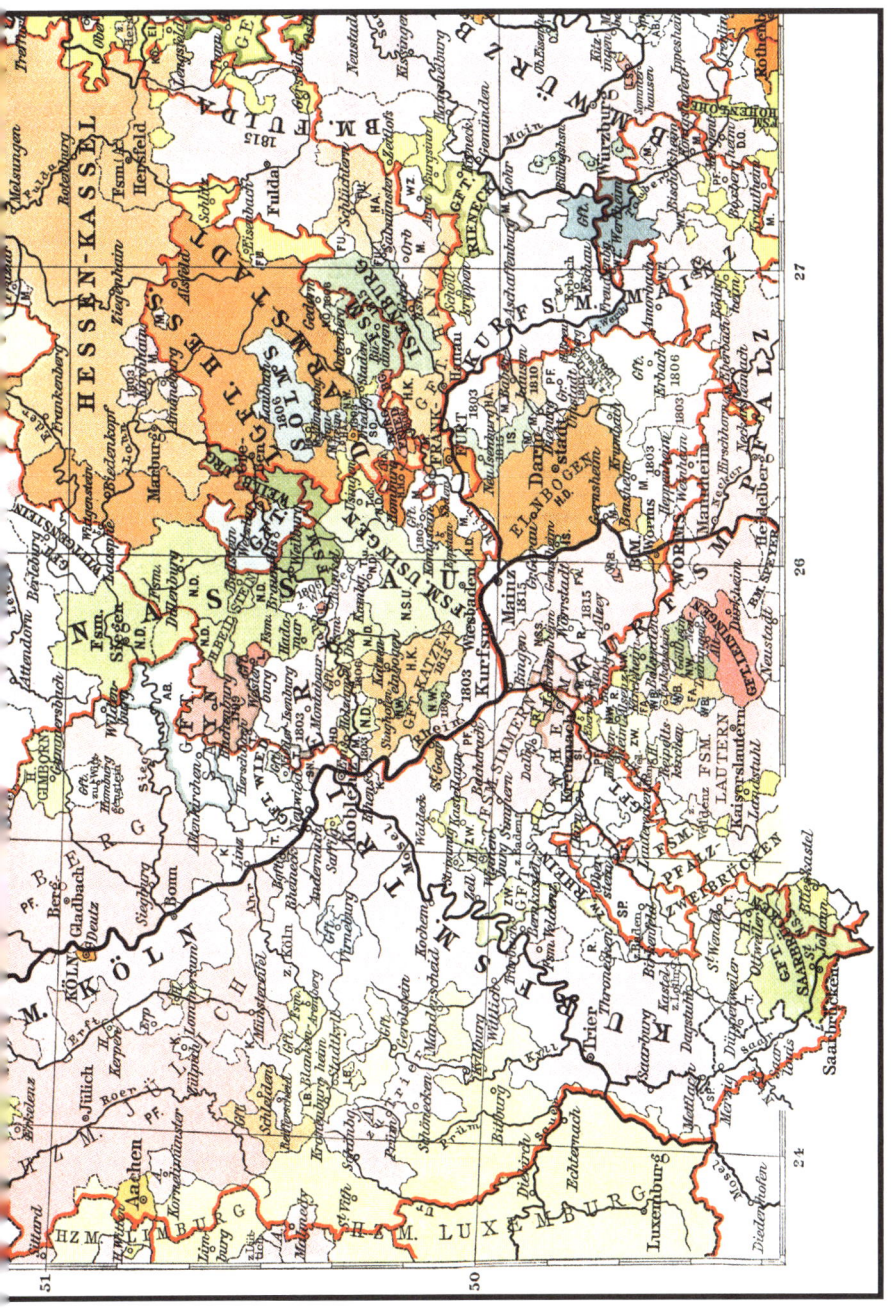

18. Jahrhundert

[8] Das Herzogtum Westfalen

Wegen des Herzogtums Westfalen. *Im roten Feld ein springendes silbernes Ross.*

Zur Geschichte:

Ursprünglich gehörte das Herzogtum Westfalen zum Herzogtum Sachsen und bildete dessen westlichsten Teil.

Nach der Auflösung des Herzogtums Sachsen *[Ächtung Heinrich des Löwens]* erhielt der Erzbischof Philipp von Köln die herzogliche Gewalt in Westfalen.

Die weltlichen Herrschaften innerhalb des Herzogtums bestanden weiter und bildeten sich zu selbständigen Territorien aus *[z. B. Grafschaft Mark]* oder wurden von Köln als Reichslehen erworben *[z. B. Grafschaft Arnsberg]*.

Durch den Reichsdeputationshauptschluss von 1803 kam das kurkölnische Westfalen *[mit Ausnahme der an Hessen-Kassel gefallenen Stadt Volkmarsen]* an Hessen-Darmstadt.

Nach dem Wiener Kongress kam das Gebiet an Preußen, das daraus die zum Regierungsbezirk Arnsberg gehörenden Kreise Arnsberg, Brilon, Olpe, Meschede und Lippstadt bildete.

[9] Das Herzogtum Engern

Wegen des Herzogtums Engern. *Im silbernen Feld drei, zu zwei und eins gestellte rote Schröterhörner [Schröter = Hirschkäfer].*

Das Herzogtum Sachsen zur Zeit der sächsischen und fränkischen Kaiser im Mittelalter

Zur Geschichte:
Das Gebiet gehörte ursprünglich zum mittleren Teil des alten Sachsenlandes: Nördlich von der Eder, zwischen West- und Ostfalen, auf beiden Seiten der Weser bis hin zur Nordsee. Die Weser teilte das Gebiet in West- und Ostengern.

Seit der Auflösung des sächsischen Herzogtums 1180 ging die herzogliche Gewalt über Engern an den Erzbischof von Köln über. *[In Verbindung mit askanischem Gebiet wurde dann ein neues Herzogtum Sachsen gebildet.]*

Den Titel eines „Herzogs von Engern" führten neben den Erzbischöfen von Köln manchmal auch die askanischen Herzöge von Sachsen bzw. seit 1689 auch die wettinischen Kurfürsten von Sachsen.

Detmold. Schloss

[10] Das Herzogtum Pommern

Wegen des Herzogtums Pommern.
Im silbernen Feld ein roter, goldbewehrter, rot- gezungter Greif.

Zur Geschichte von Pommern:
In ältester Zeit wurde Pommern von den, zum Volk der Vandalen gehörenden, Rugiern bewohnt.

Nach der Völkerwanderung *[Beginn Ende 4. Jh. nach Chr.]* wurde das Gebiet von Slawen in Besitz genommen. Nach 1100 bildeten sich in Pommern ein Herzogtum Slawien *[zwischen Peene und Persante mit der Hauptstadt Stettin]* und ein Herzogtum Pommern *[Pomerellen]* zwischen Persante und Weichsel mit der Hauptstadt Danzig heraus.

Wratislaw I., der Stifter der Linie Pommern-Stettin, wurde 1124 zum Christentum bekehrt und zu Julin auf der Insel Wollin ein Bistum gegründet, das allerdings 1175 nach Kammin verlegt wurde.

Wratislaws Söhne, Bogislaw I. und Kasimir I., nahmen um 1170 den Herzogtitel an und schlossen sich 1181 dem Deutschen Reich an, doch Kaiser Friedrich I. verlieh die Lehnshoheit über Pommern dem Markgrafen Otto I. von Brandenburg.

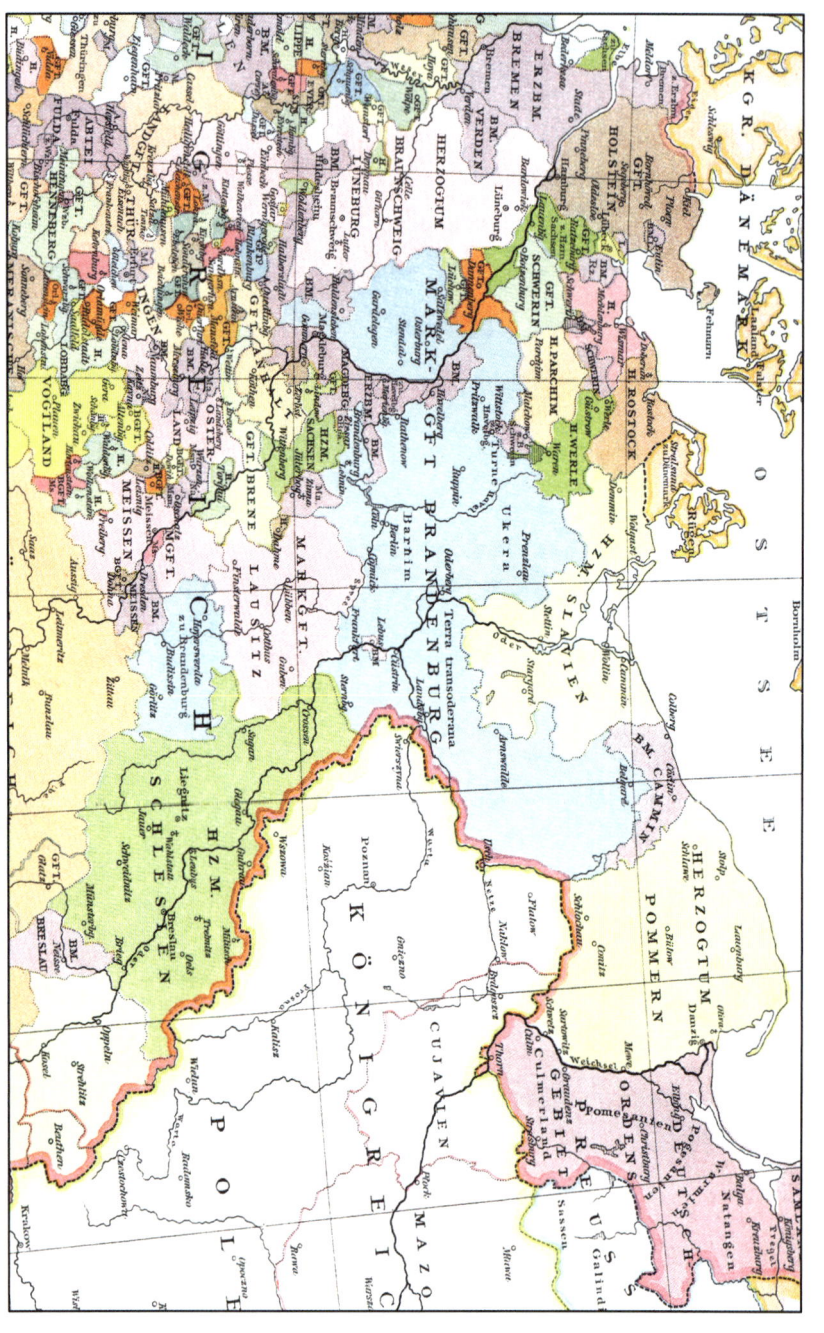

Die Ostseeküste zur Zeit der Staufer

[11] Das Herzogtum Lüneburg

Wegen des Herzogtums Lüneburg. *Im goldenen mit roten Herzen bestreuten Feld ein blauer rot-gezungter Löwe.*

Zur Geschichte:
Auf Allerhöchste Kabinettsorder vom 16. August 1873 wurden in das Königlich Preußische Wappen die 1866 neuerworbenen Lande aufgenommen.

Als Wappen wählte man das des Herzogtums Lüneburg als Repräsentationsbild für die Stammlande von Hannover.

Das Wappen der Stadt Hannover

Das Herzogtum Lüneburg zur Zeit der Staufer

[12] Das Herzogtum Holstein

Wegen des Herzogtums Holstein. *Im roten Feld ein von Silber und Rot quer geteiltes Schildlein, welches an beiden oberen Ecken und am unteren Rand von je einem silbernen, mit der Spitze einwärts gekehrten Nagel, am oberen Rand aber und an beiden Seiten von je einem silbernen Nesselblatt begleitet ist.*

Zur Geschichte:
Seit 1773 war Dänemark im Besitz von ganz Schleswig-Holstein. Am 15. November 1863 starb König Friedrich VII. Mit ihm erlosch die königliche Linie des Hauses Oldenburg. Sein Nachfolger auf dem Thron wurde jetzt Christian von Schleswig-Holstein-Sonderburg-Glücksburg als Christian IX.

In den Herzogtümern wurde aber nicht Christian, sondern Prinz Friedrich von Augustenburg als Nachfolger anerkannt. Am 16. November 1863 erklärte Friedrich seinen Regierungsantritt als Herzog von Schleswig-Holstein, was in ganz Deutschland begrüßt wurde.

Am 7. Dezember beschloss der Bundestag des Deutschen Bundes die Ausführung der Bundesexekution. *[Holstein war Teil des Deutschen Bundes]* Dänemark räumte Holstein und 12.000 Sachsen und Hannoveraner rückten in Holstein ein. Herzog Friedrich wurde nun überall als Landesherr ausgerufen. Die endgültige Loslösung der

Herzogtümer Holstein und Schleswig von Dänemark wurde aber von Preußen und Österreich verhindert, die auch die Ausweisung des Herzogs Friedrich aus Schleswig-Holstein verlangten.

Der Deutsche Bund weigerte sich jedoch, die weiteren Schritte der Preußen und Österreicher mitzumachen. Als Christian IX. dann am 18. November 1863 die eiderdänische Verfassung sanktionierte, forderten Preußen und Österreich deren sofortige Außerkraftsetzung. Als die Dänen diese Forderung ablehnten, rückten österreichische und preußische Truppen in Schleswig-Holstein ein. Am 28. März 1864 begannen die Preußen mit der Erstürmung der Düppeler Schanzen und Dänemark wurde anschließend besetzt. Im Frieden von Wien *[30. Oktober 1864]* verzichtete Christian IX. auf Schleswig-Holstein; Preußen und Österreich sollten die Herzogtümer gemeinsam besitzen. Verwaltet aber sollte Holstein durch Österreich, Schleswig durch Preußen werden. Nach dem preußisch-deutschen Krieg wurde durch königliches Patent vom 12. Januar 1867 die Angliederung Schleswig-Holsteins an Preußen vollzogen.

Schloss Glücksburg [bei Flensburg]

[13] Das Herzogtum Schleswig

Wegen des Herzogtums Schleswig. Im goldenen Feld zwei übereinandergehende, blaue, rotgezungte Löwen.

Schleswig-Holstein zur Zeit des Deutschen Bundes

[14] Das Herzogtum Magdeburg

Wegen des Herzogtums Magdeburg.
Von Rot und Silber quer geteilt.

Nach dem Tod Herzog August von Sachsen *[1680]* wurde das Erzbistum Magdeburg säkularisiert und kam als erbliches Herzogtum an Brandenburg.

Das ganze Herzogtum umfasste *[ohne die 1780 dazugeschlagene Grafschaft Mansfeld]* 1773 auf 5.400 km² 29 Städte, 7 Flecken und 418 Dörfer. Die Zahl der Einwohner belief sich auf 234.050 *[meist protestantischer Konfession]*.

Das Erzbistum Magdeburg zur Zeit der Reformation

Der Magdeburger Dom

*Wappen der Stadt
Magdeburg*

[15] Das Herzogtum Bremen

Wegen des Herzogtums Bremen. Im roten Feld zwei in Form eines Andreaskreuzes gelegte, silberne, mit den Bärten abwärts gekehrte Schlüssel, zwischen denen im oberen Winkel sich ein silbernes Stabkreuz erhebt.

Zur Geschichte:
Aus dem Erzstift Bremen wurde nach der Säkularisation das Herzogtum Bremen, nach 1866 Bestandteil der preußischen Provinz Hannover, und zusammen mit dem Hochstift Verden und dem Lande Hadeln bildete es den Regierungsbezirk Stade.

Wappen der Stadt Stade

[16] Das Herzogtum Geldern

Wegen des Herzogtums Geldern. Im blauen Feld ein goldener, rotgezungter, gekrönter Löwe.

Zur Geschichte:

Geldern war ein deutsches Herzogtum *[seit 1338]* am Niederrhein und der Yssel. Es grenzte an Friesland, Westfalen, Brabant, Holland und die Zuidersee.

1534 versuchte Herzog Karl, der kinderlos war, sein Herzogtum an Frankreich zu bringen.

Dem widersetzten sich die Stände und zwangen ihn 1538, sein Land an den Herzog von Kleve, Wilhelm den Reichen, abzutreten. Im Jahr 1543 wurde Geldern schließlich durch den Vertrag von Venlo habsburgisch-burgundisch.

Im Utrechter Frieden von 1713 kam Geldern *[ohne Venlo]* an Preussen, was dieses Gebiet im Frieden von Basel 1795 bzw. Lüneville 1801 wieder verlor.

Im Frieden von Paris konnte Preußen einen Teil von Geldern wieder zurückgewinnen.

Geldern, Jülich, Berg, Mark und Kleve
[im 18. Jahrhundert]

[17] Das Herzogtum Kleve

Wegen des Herzogtums Kleve. Im roten Feld ein silbernes Schildlein, aus welchem acht goldene Lilienstäbe in Form eines gemeinen und eines Andreaskreuzes hervorgehen.

Zur Geschichte:

Das Herzogtum Kleve lag zu beiden Seiten des Rheins, zwischen dem Hochstift Münster, der Abtei Essen, den Herzogtümern Berg, Brabant und Geldern. Das Gebiet *[bis ins 14. Jahrhundert Grafschaft Kleve]* kam um 1000 an die Herren von Anton in Flandern als Reichslehen, danach an die Grafen von der Mark. 1417 wurde Kleve von Kaiser Sigismund zum Herzogtum erhoben. 1521 vereinigte Herzog Johann III. Jülich und Berg mit Kleve.

Als mit Herzog Johann Wilhelm IV. *[1609]* das Fürstenhaus ausstarb, erhoben auf sein Territorium mehrere Fürsten Anspruch. Diese Auseinandersetzungen sind als „Jülich-klevischer Erbfolgestreit" in die Geschichte eingegangen.

1614 erhielt schließlich der Pfalzgraf Jülich und Berg, der Kurfürst von Brandenburg Kleve, Mark, Ravensberg und Ravenstein. Im Jahr 1666 schloss der Große Kurfürst mit dem Pfalzgrafen auf dieser Grundlage einen definitiven Teilungsvertrag.

Nach Aussterben im Mannesstamm sollte die eine die andere Linie beerben, wozu es aber nicht kam.

Das gesamte Gebiet kam in der napoleonischen Zeit an Frankreich, im Wiener Kongress schließlich an Preußen und bildete mit anderen nördlichen Teilen der preußischen Besitzungen auf dem linken und rechten Rheinufer die Provinz Jülich-Kleve-Berg, die später zur Rheinprovinz geschlagen wurde.

[18] Das Herzogtum Jülich

Wegen des Herzogtums Jülich. *Im goldenen Feld ein schwarzer, rotgezungter Löwe.*

Die preußischen Gebiete zwischen 1801 und 1807 im westlichen Teil von Deutschland

[19] Das Herzogtum Berg

Wegen des Herzogtums Berg. *Im silbernen Feld ein roter, blaubewehrter, blaugezungter und blaugekrönter Löwe.*

Zum Herzogtum Berg:
Dieses musste 1806 an Frankreich abgetreten werden. Napoleon bildete daraus das Großherzogtum Berg. 1807 kamen noch die Grafschaften Mark, Tecklenburg, Lingen, das Herzogtum Münster sowie die Abteien Elten, Essen und Werden dazu. 1813 löste sich das Großherzogtum von selbst auf. Der größte Teil seines Gebietes fiel an Preußen.

Düsseldorf *[vormals Hauptstadt des Herzogtums Berg]*

[20] Das Herzogtum Wenden

Wegen des Herzogtums Wenden. Im silbernen Feld ein Greif, der sechsmal schräg links von Rot und Grün gestreift ist.

Zur Geschichte:
In der Mitte des 14. Jahrhundert nahm man als „Wenden" das Land an, das sich westlich an das, damals als „Pommern" bezeichnete, unmittelbar an der Oder, zwischen Peene und Tollense, liegende Land anschloss. Es entsprach somit in etwa dem späteren preußischen Regierungsbezirk Stralsund *[ohne Rügen und den Kreis Demmin und den westlichen Teil des Kreises Anklam]*.

Wappen der Stadt Stralsund

[21] Das Herzogtum Kassuben

Wegen des Herzogtums Kassuben.
Im goldenen Feld ein schwarzer rot-gezungter Greif.

Zur Geschichte:

Das Land Kassuben war seit 1295 Pommern-Wollgast zugeteilt. Ursprünglich dürfte das kassubische Territorium weit größer gewesen sein, als das Gebiet, das man in der Neuzeit so bezeichnete, wo man nur die Gegend hinter Stolp i. Pr. und Lauenburg und Bütow dazu rechnete.

Wahrscheinlich erstreckte es sich über den ganzen östlichen Teil Hinterpommerns bis zum Gallenberg.

1260 wurde das Gebiet erstmals als „terra Cassubia" bezeichnet. Herzog Barnim I. nannte sich 1267 *„dux Slavorum et Cassubiae".*

Seit Mitte des 14. Jahrhunderts griff die Titulatur mit dem Namen des Volksstammes *[anstatt des Landes]* immer mehr um sich, bis sie bald darauf zur Regel wurde.

[22] Das Herzogtum Krossen

*Wegen des Herzogtums Krossen.
Im goldenen Feld ein schwarzer, goldbewehrter, rotgezungter Adler, auf dessen Brust ein silberner, mit den Spitzen aufwärts gekehrter Halbmond liegt.*

Zur Geschichte:
Als Heinrich XI., Herzog zu Krossen und Glogau am 22. Februar 1476 ohne Erben starb, trat dessen Witwe Barbara, Markgräfin von Brandenburg, ihrem Vater, dem Kurfürsten Albrecht Achilles, das ihr 1472 versprochene und nun von ihr geerbte Krossen ab.

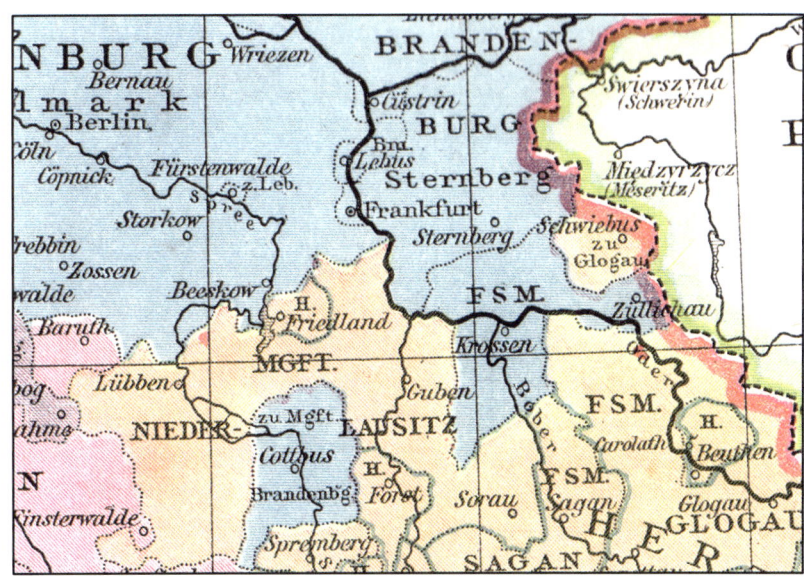

Krossen im 16. Jahrhundert

[23] Das Herzogtum Lauenburg

Wegen des Herzogtums Lauenburg. Im roten, mit einer von Silber und Schwarz zu zwölf gestückten Einfassung, umgebenen Feld ein silberner Pferdekopf.

Zur Geschichte:
Das bereits von Heinrich dem Löwen eroberte Land Lauenburg kam um 1230 in den Besitz des Herzogs Albrecht I. von Sachsen, aus dem Hause Askanien.

Nach Albrechts Tod teilten seine Söhne den Besitz unter sich auf, wobei Johann I. Lauenburg erhielt. 1689 erlosch dann das Haus Sachsen-Lauenburg mit dem Tod des Herzogs Julius Franz.

Lauenburg fiel nun an das herzogliche Haus Braunschweig-Celle. Als dieses 1705 erlosch, fiel das Gebiet an den Kurfürsten von Hannover. Nachdem es in der napoleonischen Zeit von den Franzosen okkupiert worden war, kam es an das Königreich Hannover, das es an Dänemark abtrat.

Nach dem deutsch-dänischen Krieg wurde Lauenburg von Preußen und Österreich gemeinsam in Besitz genommen, 1865 gegen eine

Zahlung von 1.875.000 Taler von Seiten Österreichs an den König von Preußen abgetreten. Zuerst war Lauenburg mit Preußen nur in Personalunion verbunden, laut Gesetz vom 23. Juli 1876 als „Kreis Herzogtum Lauenburg" mit *1.150 km²* gänzlich dem Königreich Preußen und der Provinz Schleswig-Holstein einverleibt.

Herzogtum Lauenburg 1865

[24] Das Herzogtum Mecklenburg

Wegen des Herzogtums Mecklenburg. Im goldenen Feld ein vorwärts gekehrter, abgerissener schwarzer Büffelskopf mit roter Zunge, silbernen Hörnern, silbernem Nasenring und roter Krone.

Zur Geschichte:
1442 hatten die Häuser Mecklenburg und Kurbrandenburg einen wechselseitigen Erbvertrag abgeschlossen, demgemäß bei dem eventuellen Erlöschen des einen, das andere die Erbfolge genießen solle.

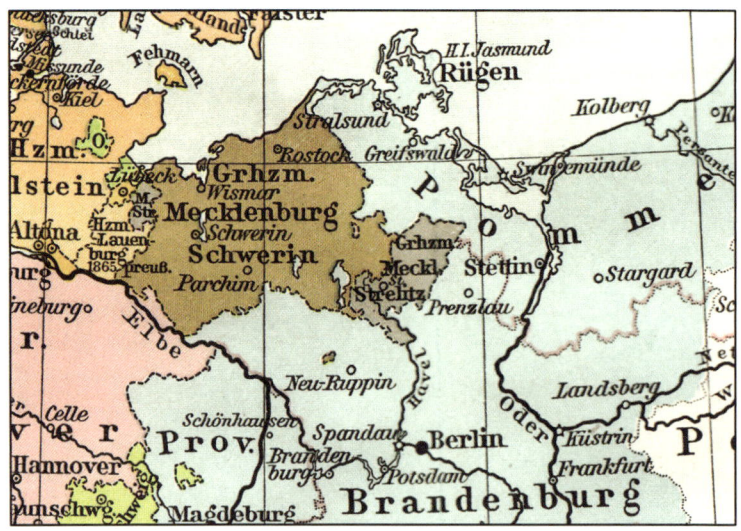

Mecklenburg zur Zeit des Deutschen Bundes

[25] Die Landgrafschaft Hessen

Wegen der Landgrafschaft Hessen. Im blauen Feld ein von Silber und Rot achtmal quergestreifter, goldbewehrter und -gekrönter Löwe.

Zur Geschichte:
Das Stammwappen der alten Landgrafen von Hessen wurde dem Königlich Preußischen Wappen erst durch die Allerhöchste Kabinettsorder vom 16. August 1873 einverleibt.

Dies gilt für das ganze Kurfürstentum *[mit Ausnahme von Fulda]*, nachdem dieses, laut königlicher Botschaft vom 17. August *[Gesetzt vom 20. September]* 1866 und Besitzergreifungspatent vom 3. Oktober 1866 „in Verfolg des Prager Friedens vom 23. August 1866, ein Teil der Preußischen Monarchie geworden war."

Anmerkung:
Laut Allerhöchstem Erlass vom 7. Dezember 1868 wurde Hessen *[der „Regierungsbezirk Kassel"]* mit dem ehemaligen Herzogtum Nassau *[dem „Regierungsbezirk Wiesbaden"]* zu einer Provinz „Hessen-Nassau" vereinigt.

[26] Die Landgrafschaft Thüringen

Wegen der Landgrafschaft Thüringen. Im blauen Feld ein von Rot und Silber achtmal quergestreifter, goldbewehrter sowie gekrönter Löwe.

Zur Geschichte:
Mit anderen Teilen des Königreichs Sachsen kam die Landgrafschaft Thüringen *[laut Staatsvertrag vom 18. Mai 1815]* an das Königreich Preußen und wurde durch Patent vom 22. Mai 1815 vom König von Preußen förmlich in Besitz genommen.

Es gehörte jetzt zur preußischen Provinz Sachsen und bildete dort die Regierungsbezirke Merseburg und Erfurt.

Anmerkung:
Auf den ersten Blick ist ersichtlich, dass sich *[bis auf wenige Kleinigkeiten]* die Wappen der Landgrafschaften Hessen und Thüringen vollkommen gleichen.

Dies geht darauf zurück, dass Ludwig I., Landgraf von Thüringen *[1130-1140]*, durch seine Erbheirat mit Hedwig von Gudensberg, Erbin von Hessen, beide Landgrafschaften unter seinem Zepter vereinigt hatte.

[27] Das Markgraftum Oberlausitz

Wegen des Markgraftums Oberlausitz. Im blauen Feld eine goldene Mauer mit drei Zinnen.

Zur Geschichte:
Der Ausdruck Oberlausitz, zum Unterschied von der eigentlichen Lausitz, die gewöhnlich als Niederlausitz genannt wurde, erschien zuerst in einer Urkunde vom 13. Mai 1350, die den Bann über den Markgrafen Ludwig von Bayern aussprach. Hier wurde unterschieden zwischen „*terra Lusatiae superior et inferior*". Erst Mitte des 15. Jahrhundert erschien der Doppeltitel auch in den landesherrlichen Titeln häufiger. Doch noch bis ins 16. Jahrhundert hinein verstand man unter „Lausitz" meist nur die Niederlausitz, wogegen die Oberlausitz zu der Zeit gewöhnlich als das „Land Budissin" bezeichnet wurde.

Oberlausitz:
Im Wiener Frieden *[1815]* kam der östliche und nördliche Teil mit Görlitz, Lauban, Rothenburg, Muskau und Hoyerswerda an Preussen. Bei Sachsen verblieb nur der kleinere Westteil mit Bautzen, Löbau, Zittau, Kamenz und Königsbrück. Die Preußische Oberlausitz kam zum Regierungsbezirk Liegnitz der Provinz Schlesien.

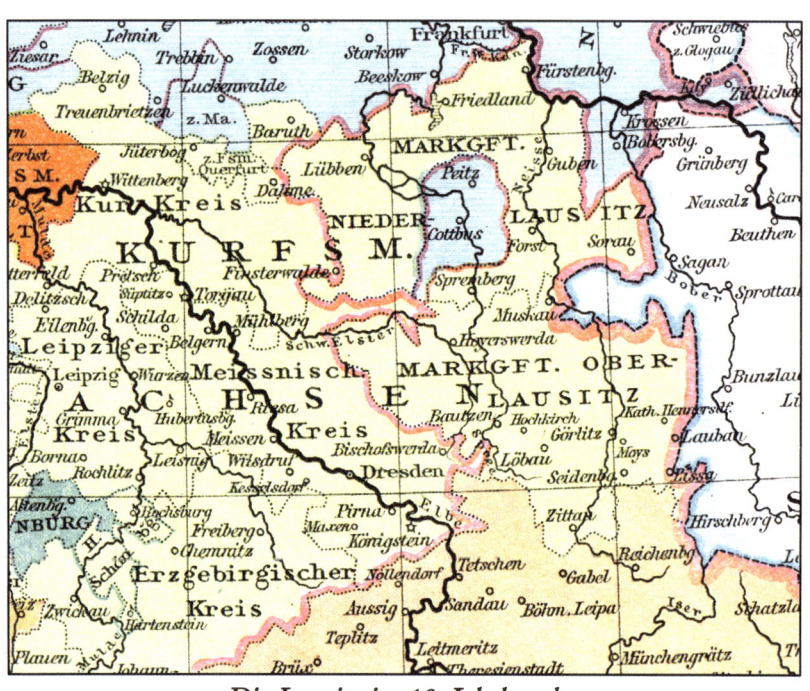

Die Lausitz im 18. Jahrhundert

[28] Das Markgraftum Niederlausitz

Wegen des Markgraftums Niederlausitz. *Im silbernen Feld ein schreitender roter Stier.*

Alt-Görlitz

[29] Das Fürstentum Oranien

Wegen des Fürstentums Oranien. Im goldenen Feld ein links gekehrtes, blaues Jagdhorn mit goldenen Beschlägen und rotem Band.

Zur Geschichte:
Die Oranische Erbschaft hatte im Laufe der Zeit dem preußischen Staatswappen nicht weniger als elf Felder zugebracht:

1. Chalon-Arlay
2. Oranien
3. Genevois
4. Moers
5. Lingen
6. Neuchâtel
7. Geldern
8. Borßel ter Veer
9. Büren
10. Arkel-Leerdam
11. Polanen-Bredá

Anmerkung:
1504 kam Neuchâtel durch Heirat an den französischen Prinzen Ludwig von Orleans, Herzog von Longueville.

Im Westfälischen Frieden *[1648]* wurde Neuchâtel *[Neuenburg]* als souveränes, im Schirm der Eidgenossenschaft stehendes, Fürstentum anerkannt.

Beim Erlöschen des Hauses Longueville erhoben 15 Prätendenten Ansprüche auf Neuchâtel.

Im Frieden von Ryswyk machte dann Wilhelm von Oranien das Oberlehnsrecht des Hauses Chalons geltend und übertrug seine Ansprüche auf Neuchâtel anschließend auf König Friedrich I. von Preußen, den Sohn der Prinzessin Luise von Oranien.

1707 wurden die Ansprüche Friedrichs vom Gerichtshof der Stände anerkannt.

1806 musste Friedrich Wilhelm III. Neuchâtel an Napoleon abtreten, dass es 1814 gegen eine Geldzahlung zurückerwarb. Nach der Revolution von 1848 kam es aber zur Loslösung von Preußen. Am 26. Mai 1857 verzichtete der preußische König *[unter Vorbehalt des Titels]* für sich und seine Nachfolger auf Neuchâtel.

Neuchatel 1707

[30] Das Fürstentum Rügen

Wegen des Fürstentums Rügen. *Quergeteilt: Im oberen goldenen Teil ein aus dem unteren blauen, und zwar aus den darin befindlichen fünf roten, doppelseitig aufsteigenden Stufen hervorgehender schwarzer, rotbewehrter, rotgezungter und rotgekrönter Löwe mit doppeltem Schweif.*

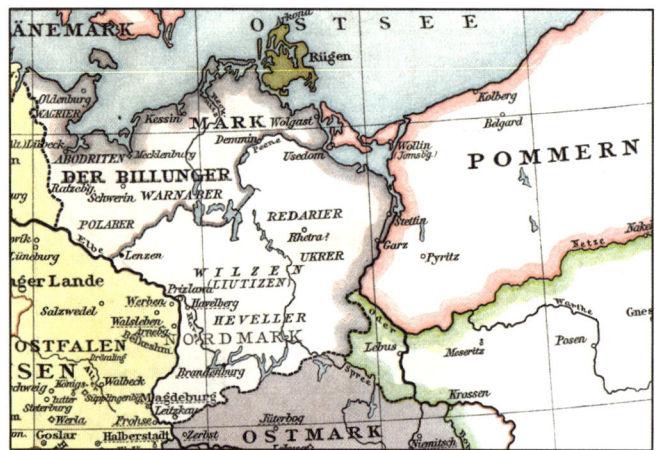

Das Fürstentum Rügen im Mittelalter

Zur Geschichte:
Rügen hatte bereits im 12. Jahrhundert eigene Fürsten, die bis 1209 dänische Vasallen waren. Danach waren die Fürsten selbständig und machten sich Westpommern bis zum Ryckfluss untertan. 1228 hatten sie vom Kaiser ihr Land als Lehnsfürstentum genommen.

Laut Erbvertrag *[von 1466]* sollte das Land 1637 an Kurbrandenburg fallen, wurde im Westfälischen Frieden aber Schweden zugesprochen, und erst mittels Patent vom 19. September 1815 kam Rügen schließlich an Preußen.

Kreideküste der Insel Rügen

[31] Das Fürstentum Ostfriesland

Wegen des Fürstentums Ostfriesland. Im schwarzen Feld ein goldener, gekrönter Jungfrauen-Adler, der oberhalb und unterhalb von je zwei sechsstrahligen goldenen Sternen begleitet wird.

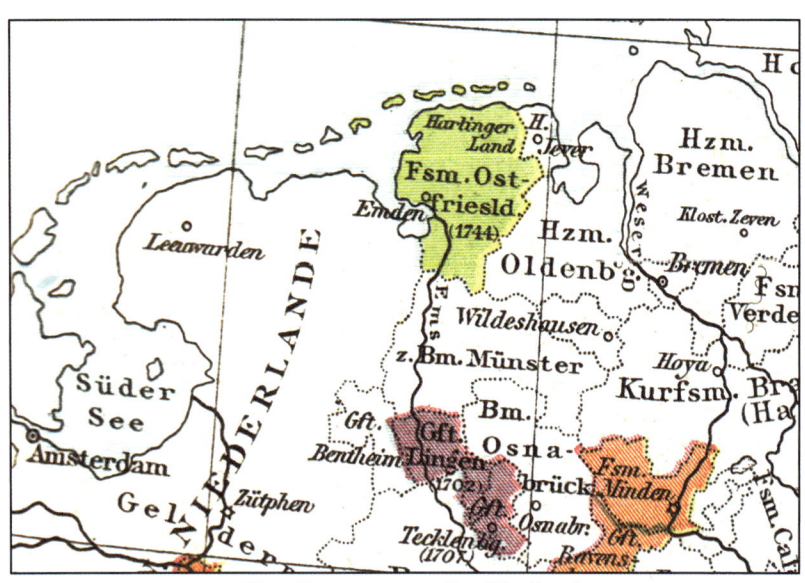

Das Fürstentum Ostfriesland

Mit Karl Edzard erlosch 1744 das Geschlecht der Fürsten von Ostfriesland. Am 1. Juni wurde das Fürstentum von preußischen Truppen besetzt. Danach war es im Besitz der Holländer, Franzosen und Hannoveraner. 1866 kam es endgültig an Preußen.

[32] Fürstentum Paderborn und die Grafschaft Pyrmont

Wegen des Fürstentums Paderborn und der Grafschaft Pyrmont. In die Länge geteilt: Im ersten roten Feld ein gemeines goldenes Kreuz für Paderborn, im zweiten silbernen Feld ein rotes Ankerkreuz für Pyrmont.

Zur Geschichte von Paderborn und Pyrmont:
Im Frieden von Lüneville *[1801]* wurde das Bistum Paderborn säkularisiert und 1803 als Entschädigung für verlorene linksrheinische Besitzungen an Preußen abgetreten.

Der Dom von Paderborn

Durch den Tilsiter Frieden *[1807]* kam Paderborn an Frankreich *[Königreich Westfalen]*. Nach dem Untergang Napoleons kam es an Preußen zurück, wo es dem Regierungsbezirk Minden und damit der Provinz Westfalen zugeteilt wurde.

Das Gebiet von Harzdorf und der Stadt Lüdge kam 1668 mit dem Titel einer Grafschaft *[Pyrmont]* an Paderborn. 1803 ging diese Grafschaft zusammen mit Paderborn an Preußen.

Anmerkung:
Die eigentliche Grafschaft Pyrmont besaß das Fürstliche Haus Waldeck.

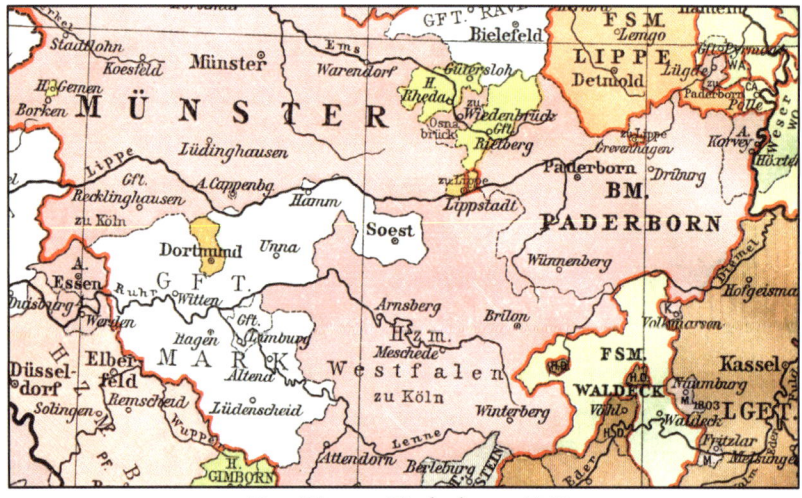

Das Bistum Paderborn 1789

[33] Das Fürstentum Halberstadt

Wegen des Fürstentums Halberstadt. Von Silber und Rot in die Länge geteilt.

Halberstadt. Rathaus und Martinikriche

Zur Geschichte:
Bereits 1488 war das Bistum Halberstadt mit Magdeburg vereinigt worden. Von 1513 bis 1566 hatte es als Koadjutoren Markgrafen aus dem Hause Brandenburg. Auch der vorletzte Koadjutor kam aus dem Hause Brandenburg, dem 1627 Leopold Wilhelm Erzherzog von Österreich folgte.

Im Westfälischen Frieden wurde das Bistum Halberstadt säkularisiert und gelangte so an den Kurfürsten von Brandenburg als weltliches Fürstentum.

Unter Napoleon ging Halberstadt an das Königreich Westfalen, kam aber nach 1815 wieder an Preußen.

Halberstadt und Magdeburg 1789

[34] Das Fürstentum Münster

Wegen des Fürstentums Münster. Im blauen Feld ein goldener Querbalken.

Münster. Stadtweinhaus und Rathaus

Zur Geschichte:
Das Bistum Münster wurde 1801 durch den Frieden von Lüneville säkularisiert und 1802 von Preußen in Besitz genommen. Durch den Reichsdeputationshauptschluss kam es 1803 zum größten Teil *[als weltliches Fürstentum]* an den König von Preußen. Im Tilsiter Frieden *[1807]* musste dieses Gebiet an Napoleon abgetreten werden, der es 1808 größtenteils dem Großherzogtum Berg einverleibte. 1815 wurde fast das gesamte ehemalige Bistum Münster wieder an Preußen gegeben.

[35] Das Fürstentum Minden

Wegen des Fürstentums Minden. *Im roten Feld zwei in Form eines Andreaskreuzes gelegte silberne, mit den Bärten abwärts gekehrte Schlüssel.*

Zur Geschichte:
Das Bistum Minden wurde im Westfälischen Frieden säkularisiert und ging als weltliches Fürstentum an Kurbrandenburg. Nach dem Tilsiter Frieden *[1807]* kam es an das Königreich Westfalen, 1815 aber wieder an Preußen.

[36] Das Fürstentum Osnabrück

Wegen des Fürstentums Osnabrück. Im silbernen Feld ein rotes Wappenrad mit acht Speichen.

Zur Geschichte:
Das Bistum Osnabrück wurde 1801 säkularisiert und kam durch den Reichsdeputationshauptschluss an das Kurfürstentum von Braunschweig-Lüneburg *[Hannover]* als weltliches Fürstentum. In der napoleonischen Zeit wurde es dem Königreich Westfalen einverleibt und kam 1815 wieder an Hannover zurück.

1866 schließlich kam es zusammen mit dem übrigen Königreich Hannover an Preußen.

Wappen der Stadt Osnabrück

[37] Das Fürstentum Hildesheim

Wegen des Fürstentums Hildesheim. *Von Rot und Gold in die Länge geteilt.*

Zur Geschichte:

Das Bistum Hildesheim wurde 1801 säkularisiert und kam 1803 als weltliches Fürstentum an das Königreich Preußen, unter Napoleon an das Königreich Westfalen. 1813 wurde es von Hannover in Besitz genommen, kam später vorübergehend wieder an Preußen, musste schließlich aber doch wieder an Hannover abgetreten werden.

1866 kam das Fürstentum Hildesheim zusammen mit dem übrigen Königreich Hannover an Preußen.

Wappen der Stadt Hildesheim

[38] Das Fürstentum Verden

Wegen des Fürstentums Verden. Im silbernen Feld ein schwarzes Nagelspitzkreuz.

Zur Geschichte:
Im Westfälischen Frieden *[1648]* wurde das Bistum Verden säkularisiert und ging zusammen mit Bremen als erbliches Herzogtum und Reichslehen an Schweden.

1715 trat Dänemark Verden zusammen mit Bremen an das Königreich Hannover ab. 1803 wurde Verden durch die Franzosen okkupiert und dann dem Königreich Westfalen angeschlossen. Nach dem Sturz Napoleons fiel es wieder an Hannover zurück und kam 1866 an Preußen.

Wappen der Stadt Verden

[39] Das Fürstentum Kammin

Wegen des Fürstentums Kammin.
Im roten Feld ein silbernes Ankerkreuz.

Zur Geschichte:
Seit 1556 wurden nacheinander fünf Herzöge von Pommern als Bischöfe von Kammin postuliert. Im Westfälischen Frieden wurde das Bistum säkularisiert und kam als weltliches Fürstentum und unmittelbares deutsches Reichslehen an Kurbrandenburg. Hier wurde es mit dem Herzogtum Hinterpommern vereinigt.

Hinterpommern und das Fürstentum Kammin

[40] Das Fürstentum Fulda

Wegen des Fürstentums Fulda. *Im silbernen Feld ein gemeines schwarzes Kreuz (facettiert).*

Zur Geschichte:
1752 wurde das Stift Fulda zum Bistum erhoben, doch schon 1803 kam es zusammen mit Korvei und Dortmund als weltliches Fürstentum an den Prinzen von Oranien, der es an seinen Sohn Wilhelm, den späteren König der Niederlande, abtrat.

Das fuldaische Gebiet umfasste damals 18 Städte und Flecken sowie 20 Ämter.

In der napoleonischen Zeit wurde es zum Großherzogtum Frankfurt geschlagen und kam 1815 an Preußen, das es *[unter dem Titel eines Großherzogtums]* an Kurhessen abtrat.

1866 fiel dieses Gebiet *[zusammen mit Kurhessen]* wieder an Preussen, das von Bayern dazu noch den Kreis Gersfeld gewann.

Anmerkung:
1829 wurde das Bistum Fulda neu errichtet.

[41] Das Fürstentum Nassau

Wegen des Fürstentums Nassau. Im blauen, mit rautenförmigen goldenen Schindeln bestreuten Feld ein goldener, rotgezungter, gekrönter Löwe.

Zur Geschichte:

1783 schlossen die nassauischen Fürsten einen Erbvertrag ab *[Nassauischer Erbverein]*, durch den die Zusammengehörigkeit und Unveräußerlichkeit von ganz Nassau und das Recht der Erstgeburt anerkannt wurde.

1806 trat Friedrich August zusammen mit seinem Vetter Friedrich Wilhelm von Nassau-Weilburg dem Rheinbund bei.

Danach nahmen beide Fürsten den Herzogtitel an. Ab 1815 waren beide Mitglieder des Deutschen Bundes.

Nach dem Tode Friedrich Augusts im Jahr 1816 wurde Wilhelm, der Sohn Friedrich Wilhelms, alleiniger Herzog von Nassau.

Nach dem Krieg von 1866 fiel das Herzogtum Nassau an Preußen. Das Herzogtum umfasste zu dieser Zeit 4.700 km² und hatte 1864 468.311 Einwohner.

[42] Das Fürstentum Moers

Wegen des Fürstentums Moers. Im goldenen Feld ein schwarzer Querbalken.

Zur Geschichte:

Als Teil der „Oranischen Erbschaft" kam das Fürstentum Moers an König Friedrich I. von Preußen. 1707 erlangte er vom Kaiser – unter Erhebung der Grafschaft Moers zu einem unmittelbaren Fürstentum des Heiligen Römischen Reiches – die „Einsetzung in deren Nutzgenuss, nebst den diesem Besitz anklebenden Befugnissen."

1801 musste Preußen das Fürstentum an Frankreich abtreten, das es zu einem Teil des Großherzogtums Berg machte. Im Jahr 1815 konnte Preußen Moers zurückgewinnen. Das Fürstentum hatte eine Fläche von 330 km² und wurde später der preußischen Rheinprovinz eingegliedert.

Wappen der Stadt Moers

[43] Die gefürstete Grafschaft Henneberg

Wegen der gefürsteten Grafschaft Henneberg. Im goldenen Feld auf grünem Hügel eine schwarze Henne mit rotem Kamm und Lappen und mit goldenen Klauen.

Zur Geschichte:

Die gefürstete Grafschaft Henneberg lag im einstigen fränkischen Kreis und wurde von Sachsen, Thüringen, Hessen und dem fuldaischen und würzburgischen Gebiet begrenzt. Das Gebiet erstreckte sich auf rund 2.000 km² und hatte 1803 105.000 Einwohner. In der wilhelminischen Kaiserzeit gehörten von Henneberg 738 km² zu Preußen *[die Kreise Schleusingen und Schmalkalden]*.

Grafschaft Henneberg 1789

[44] Die Grafschaft Glatz

Wegen der zum souveränen Herzogtum Schlesien gehörigen Grafschaft Glatz. Im roten Feld zwei goldene gebogene Schräglinksbalken.

Zur Geschichte:
Die Grafschaft Glatz kam 1740 mit dem übrigen Schlesien an Preussen. Sie hatte eine Fläche von 1.630 km².

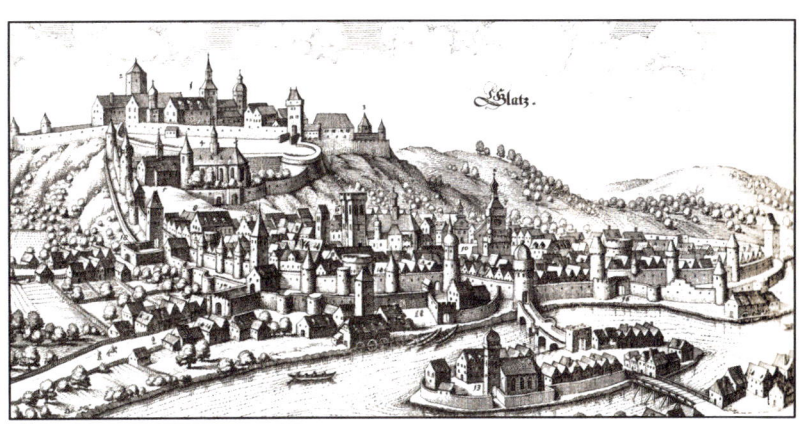

Die Stadt Glatz im 17. Jahrhundert

[45] Die Grafschaften Mark und Ravensberg

Wegen der Grafschaften Mark und Ravensberg. *In die Länge geteilt: Im ersten goldenen Feld ein von Rot und Silber in drei Reihen geschachter Querbalken (Mark), im zweiten silbernen Feld drei rote Sparren (Ravensberg).*

Zur Geschichte:

Die Grafschaft Mark gehörte zum vormals westfälischen Kreis und wurde in das ebene Gebiet von Hellweg und das gebirgige Sauerland geteilt.

Das Gebiet zerfiel in zwei Stadtkreise, die durch die von Ost nach West fließende Ruhr voneinander getrennt wurden. Die Hauptstadt des Gebietes war Hamm.

1368 wurde die Grafschaft Mark mit Kleve vereinigt, 1609 kam das Gebiet bei der Teilung der jülischen Erbschaft provisorisch zu Brandenburg, ab 1666 schließlich dauerhaft. Im Tilsiter Frieden von 1807 kam die Grafschaft an Frankreich, von dort 1808 an das Großherzogtum Berg, 1813 aber wieder an Preußen.

Anmerkung:

Während der wilhelminischen Kaiserzeit bildete das Gebiet einen Teil des Regierungsbezirks Arnsberg *[in etwa die fünf Kreise Altena, Bochum, Hagen, Hamm und Iserlohn].*

Zur Geschichte:
Ravensberg war eine Grafschaft im vormals westfälischen Kreis, südöstlich des Bistums Osnabrück gelegen.

Als erster Graf von Ravensberg findet Hermann von Calvelage *[1072-1082]* Erwähnung, dessen Geschlecht 1346 im Mannesstamm ausstarb. Danach fiel die Grafschaft an Jülich. Durch die Jülich-Klevische Erbschaft kam das Gebiet 1614 vorläufig, 1666 endgültig an Brandenburg.

1801 hatte das Areal 913 km² mit 89.900 Einwohnern. Die Hauptstadt des Gebietes war Bielefeld.

Die Stadt Bielefeld:
Der Ort wurde zuerst 1015 als Bilivelde erwähnt, 1233 erstmals auf einer Urkunde als Stadt bezeichnet. Bielefeld gehörte den Grafen von Ravensberg, die oftmals auf dem Sparenberg residierten. Ende des 13. Jahrhunderts trat Bielefeld der Hanse bei. 1347 fiel es schließlich an Jülich, 1614 an Brandenburg. Dauernd in Besitz genommen wurde die Stadt schließlich 1647 durch den Großen Kurfürsten.

In der wilhelminischen Kaiserzeit gehörte Bielefeld zum preußischen Regierungsbezirk Minden. Sie hatte zu der Zeit sechs evangelische Kirchen und eine katholische Kirche sowie eine Synagoge. Sie war Garnison des Infanteriebataillons Nr. 55. Im Jahre 1900 hatte Bielefeld 63.046 Einwohner.

Die Stadt war Hauptsitz der westfälischen Leinen- und Damastfabrikation. Von großer Bedeutung war auch die Wäschefabrikation, die Seiden- und Plüschweberei, die Flachsspinnerei sowie die Nähmaschinen- und Fahrradfabrikation.

Anmerkung:
Während der wilhelminischen Kaiserzeit war das Gebiet der ehemaligen Grafschaft Ravensberg Teil des preußischen Regierungsbezirkes Minden *[in etwa die Kreise Bielefeld, Herford und Halle]*.

[46] Die Grafschaft Hohenstein

Wegen der Grafschaft Hohenstein. *Ein von Rot und Silber dreimal in vier Reihen geschachtes Feld.*

Zur Geschichte:

Hohenstein *[auch: Hohnstein]* war eine Grafschaft in Nordthüringen *[Gebiet südlich des Harzes zwischen der Helme, Unstrut und Leine]*. Einst gehörte das Gebiet zum größeren Teil den deutschen Königen aus dem sächsischen Geschlecht.

Das Geschlecht von Hohenstein teilte sich bereits 1289 in die Linien Sondershausen und Klettenberg, wobei sich später die Klettenberger Linie noch weiter aufteilte.

Die Grafen von Hohenstein stammen von Konrad von Sangerhausen, einem Neffen des thüringischen Landgrafen Ludwigs des Springers, ab. Die gräfliche Linie wurde durch Dietrich II. fortgeführt und gelangte bald auch in den Besitz von Sondershausen, Klettenberg, Lohra und Lutterberg.

Nach dem Aussterben verschiedener Linien kam es zu langwierigen Streitigkeiten um die Erbschaft.

Beteiligt daran waren neben Braunschweig-Wolfenbüttel, Stolberg und Schwarzburg auch das Stift Halberstadt. Erst im Westfälischen Frieden *[1648]* konnten diese Streitigkeiten schließlich beigelegt werden.

Später wurde der größte Teil dieses Gebietes preußisch, seit 1866 auch die alte Grafschaft mit dem Stift Ilfeld und den Herrschaften Lutterberg und Scharzfels.

Die Grafschaft Hohenstein kam zur preußischen Provinz Sachsen und hatte eine Fläche von 600 km².

Anmerkung:
Das Stift Walkenried gehörte zu Braunschweig.

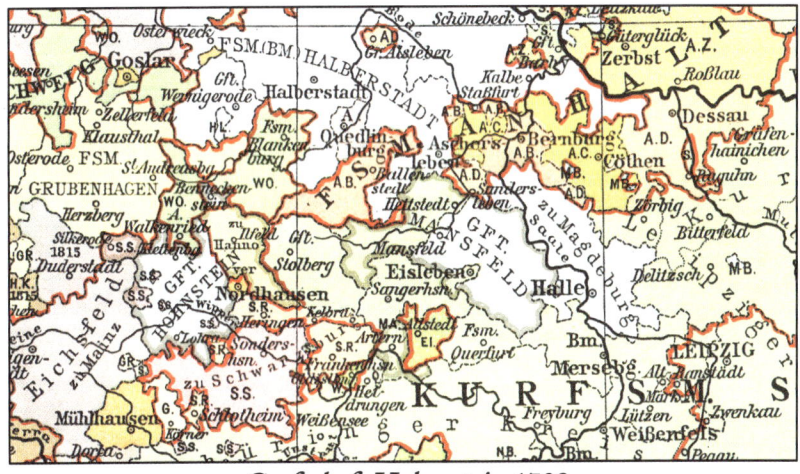

Grafschaft Hohenstein 1789

[47] Die Grafschaften Tecklenburg und Lingen

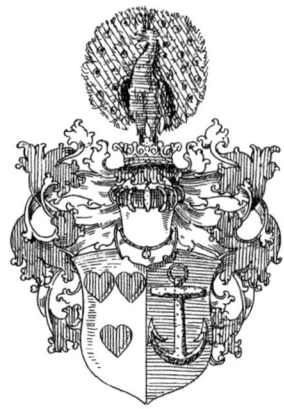

Wegen der Grafschaften Tecklenburg und Lingen. In die Länge geteilt: Im ersten silbernen Feld drei zu zwei und eins gestellte rote Herzen (Tecklenburg), im zweiten, blauen Feld ein goldener gesenkter Anker (Lingen).

Zur Geschichte der Grafschaft Tecklenburg:
Tecklenburg war eine Grafschaft im westfälischen Kreis. Nach dem Aussterben der Grafen von Tecklenburg 1262 kam diese an die Grafen von Bentheim, 1329 an die Grafen von Schwerin und 1562 an den Grafen Arnold III. von Bentheim, dessen Sohn Adolf eine besondere Linie – Bentheim-Tecklenburg – gründete.

1699 fiel die Grafschaft Tecklenburg an Graf Wilhelm Moritz von Solms-Braunfels, der sie 1707 an Preußen verkaufte.

Anmerkung:
Während der wilhelminischen Kaiserzeit gehörte die Grafschaft zum gleichnamigen Kreis im Regierungsbezirk Münster.

Zur Geschichte der Grafschaft Lingen:
Die Grafschaft Lingen befand sich im ehemaligen westfälischen Kreis und war umgeben von den Bistümern Münster und Osnabrück sowie der Grafschaft Tecklenburg.

Die Grafschaft Lingen war früher stets mit der Grafschaft Tecklenburg verbunden gewesen. 1508 jedoch kam es zur Teilung unter den Brüdern Otto XII. und Nikolaus IV.: Lingen wurde von Tecklenburg getrennt, Otto erhielt von Lingen die untere Grafschaft, Nikolaus die obere.

Als Nikolaus ohne männlichen Erben starb, wurde die Grafschaft Lingen unter Konrad von Tecklenburg wieder vereinigt, 1548 verlor er diese aber an Graf Maximilian von Büren.

Später verkauften dessen Erben die Grafschaft an Kaiser Karl V., der sie an seinen Sohn Philipp II. von Spanien weitergab. 1597 fiel die Grafschaft Lingen an Prinz Moritz von Oranien, von 1605 – 1632 nochmals an Spanien, dann wieder an Nassau-Oranien.

1702 erbte der König von Preußen die Grafschaft Lingen und vereinigte sie erneut mit Tecklenburg. 1807 wurde die Grafschaft von den Franzosen besetzt, kam 1809 an das Großherzogtum Berg und 1810 an Frankreich.

1814 konnte Preußen die Grafschaft erneut in den Besitz nehmen, trat aber 1815 die niedere Grafschaft an Hannover ab. Nach 1866 kam dieses Gebiet – zusammen mit dem Königreich Hannover – wieder an Preußen.

Anmerkung:
In der wilhelminischen Kaiserzeit bildete die obere Grafschaft einen Teil des Kreises Tecklenburg, die niedere Grafschaft zusammen mit einigen anderen Gebieten den Kreis Lingen.

Zur Stadt Lingen:
Während der wilhelminischen Kaiserzeit war die Stadt Lingen Hauptort im gleichnamigen Kreis *[preußischer Regierungsbezirk Osnabrück]*. Gelegen am Dortmund-Emskanal, war Lingen Knotenpunkt der Staatsbahnlinie Münster-Emden und der Kleinbahn Lingen-Quakenbrück.

Das Wappen der Stadt Lingen

Lingen hatte eine katholische und zwei evangelische Kirchen, eine Synagoge, ein Gymnasium, eine Strafanstalt und ein Amtsgericht. An Industrie gab es eine Eisenbahnreparaturwerkstätte, eine Weberei, ein Holzsägewerk und eine Brennerei. Im Jahre 1900 hatte die Stadt 7.048 Einwohner. Von 1685-1819 besaß Lingen eine Universität.

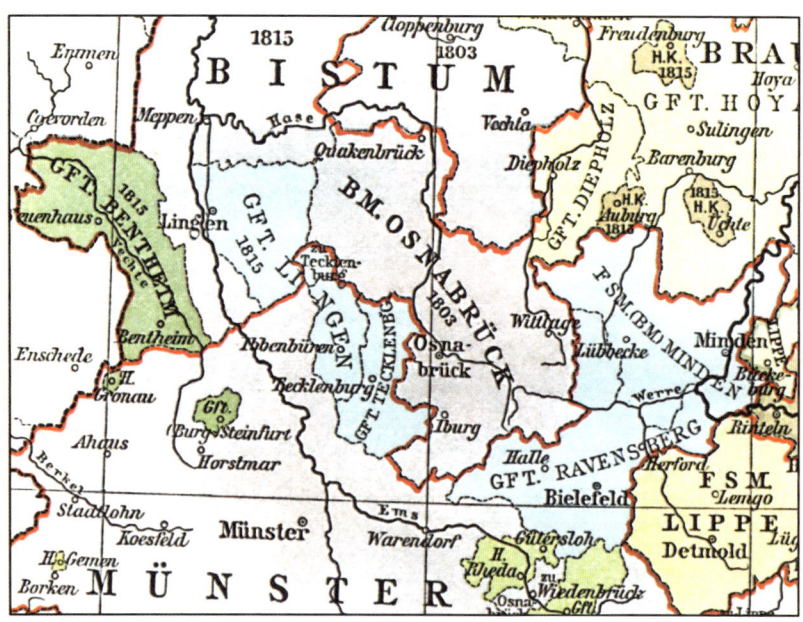

Die Grafschaften Lingen und Tecklenburg

[48] Die Grafschaft Mansfeld

Wegen der Grafschaft Mansfeld. Im silbernen Feld sechs in zwei Reihen aufgestellte, rote Rauten.

Zur Geschichte:

Die Grafschaft Mansfeld, im einstigen Obersächsischen Kreis gelegen, kam 1570 zu $^3/_5$ an Kursachsen und zu $^2/_5$ an Preußen. 1807 kam der preußische Anteil an Frankreich, 1808 auch der sächsische Teil. Nach 1815 kamen beide Anteile an Preußen.

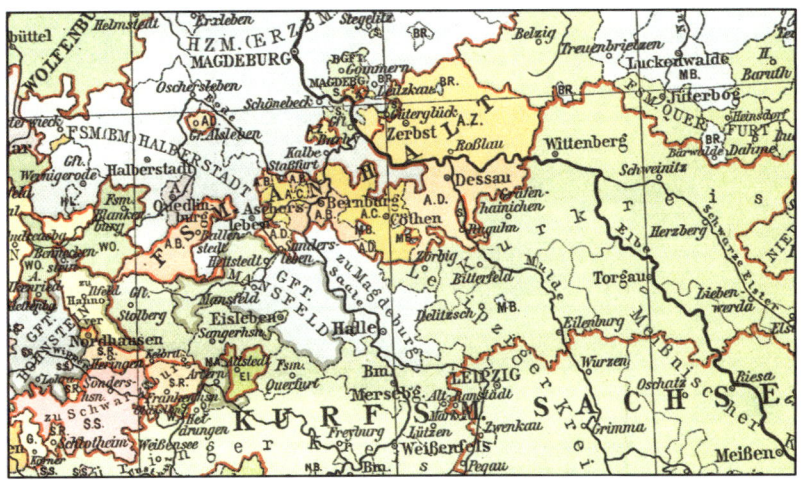

Die Grafschaft Mansfeld 1789

[49] Die Grafschaft Sigmaringen

Wegen der Grafschaft Sigmaringen. Im blauen Feld ein goldener, auf grünem Dreihügel schreitender Hirsch.

Zur Geschichte:
Laut Gesetz vom 12. März 1850 wurden die beiden Fürstentümer Sigmaringen und Hechingen mit der preußischen Monarchie vereinigt.

Hohenzollern-Sigmaringen

[50] Die Grafschaft Veringen

Wegen der Grafschaft Veringen. Im goldenen Feld drei blaue, übereinander querliegende vierzinkige Hirschhörner.

Anmerkungen:
Veringen bildete mit Sigmaringen zusammen das Sigmaringer Oberland der „Hohenzollernschen Lande", die Grafschaft Hechingen das Niederland.

Die Grafschaft Hechingen war 242 km² groß, die Grafschaften Sigmaringen und Veringen zusammen 900 km².

Die gesamten Hohenzollernschen Lande *[der Regierungsbezirk Sigmaringen]* hatte folglich eine Fläche von 1.142 km².

Zum Wappen:
Bei Aufnahme des Wappens von Veringen in das Königlich Preußische wurde nicht das der Veringer, sondern das der Nellendorfer Grafen gewählt.

[51] Die Herrschaft zu Frankfurt am Main

Wegen der Herrschaft zu Frankfurt am Main. *Im roten Feld ein silberner, goldbewehrter, rotgezungter Adler.*

Zur Geschichte:
Die freie Reichsstadt Frankfurt wurde nach dem preußisch-deutschen Krieg von Preußen annektiert und gehörte danach zum Regierungsbezirk Wiesbaden.

Wappen der Stadt Frankfurt

[52] Regalien

Regalien sind königliche Rechte. Im Mittelalter bezeichnete der Ausdruck die Rechte, die den Reichsfürsten infolge königlicher Verleihung zustanden, im 16. und 17. Jahrhundert die Landeshoheit. Seit dem 17. und besonders seit dem 18. Jahrhundert unterschied man zwischen Majestäts- oder Hoheitsrecht *[höhere Regalien]* und zufällige, niedere oder nutzbare Regalien.

Die **höheren Regalien** sind die unzertrennbar mit der Staatsgewalt verbundenen Hoheitsrechte *[wie etwa Justiz-, Polizei-, Finanz- und Gebietshoheit]*.

Unter **nutzbaren Regalien** verstand man gewisse Rechte des Staates auf ausschließlichen Eigentumserwerb *[z. B. Berg-, Jagd- und Fischereiregal]*, auf ausschließlichen Betrieb von Gewerben und Anstalten oder auf Verkauf von Gegenständen *[Post, Münze, Finanzmonopol]*.

Der Begriff „Regalien" lässt sich nur geschichtlich fassen. In der Neuzeit spielt er keine Rolle mehr.

Das Regalienfeld:
Das letzte rote Feld, welches in dem preußischen Wappen, wie in den meisten, wo es vorkommt, die letzte Stelle einnimmt, und meistens damasziert erscheint, wird als das Regalienfeld bezeichnet, auch Blutfahne, Bannschild oder *vexillum sanguineum seu imperiale* genannt und bezieht sich auf das Banner, durch welches die unmittelbaren Reichsfürsten vom Kaiser und Reich die Königsrechte oder Regalien überwiesen erhielten.

Der Regalienschild war das Symbol der Hoheitsrechte *[namentlich des Blutbannes, d. h. der Ausübung des peinlichen Halsgerichts]*. Nur wenige Fürsten bedienten sich in ihrem Wappen dieses Regalienfeldes, das wohl erst seit dem 16. Jahrhundert *[Kurfürst Johann von Sachsen, † 1532, führte vermutlich zum ersten Mal das Regalienfeld im Wappen]* benutzt wurde.

Zum großen Staatswappen von 1817

40 [1817] Die Grafschaft Ruppin

Die Grafschaft Ruppin umfasste den größten Teil des späteren Kreises Ruppin und gehörte einem Seitenzweig der Grafen von Barby. 1524 kam sie *[mit dem Tod des Grafen Wichmann]* an Brandenburg.

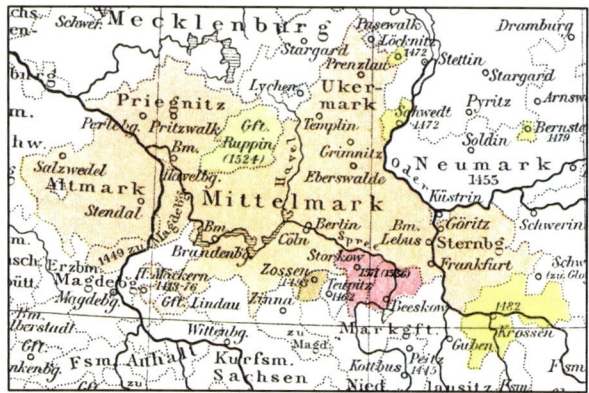

Die Grafschaft Ruppin

45 [1817] Die Grafschaft Schwerin

Das Geschlecht Schwerin gehörte zu den ältesten Geschlechtern Pommerns, das auch in Mecklenburg, der Mark, Polen, Schweden und Kurland verbreitet war.

47 [1817] Die Grafschaft Sayn

Zur Ortschaft Sayn:
Der Flecken Sayn, an dem Fluss gleichen Namens gelegen, war ein Luftkurort im preußischen Regierungsbezirk und Landkreis Koblenz. Er lag an der Staatsbahnlinie Engers-Limburg und besaß eine katholische Kirche und ein Schloss.

An Industrie gab es drei große Eisenhüttenwerke und eine Bierbrauerei. 1905 besaß der Ort 3.363 Einwohner.

Anmerkung:
Ganz in der Nähe des Ortes befand sich das Stammschloss der Grafen von Sayn.

Zur Grafschaft Sayn:
Sayn und Wittgenstein war vormals eine reichsunmittelbare Grafschaft im Westfälischen Kreis. Diese bestand aus zwei Teilen: Hachenburg *[gehörte später zu Hessen-Nassau]* und Altenkirchen *[gehörte später zur preußischen Rheinprovinz]*.

Das alte Geschlecht der Grafen von Sayn *[Stammburg bei dem gleichnamigen Flecken Sayn]* ist seit 1145 nachweisbar, erlosch aber bereits 1246 im Mannesstamm.

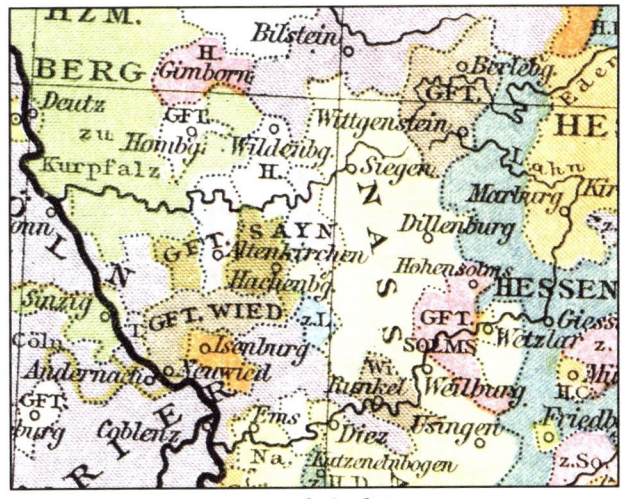

Die Grafschaft Sayn

Danach fiel die Grafschaft an Adelheid, der Schwester des letzten Grafen von Sayn, die sich mit dem Grafen Gottfried II. von Sponheim vermählte. Von ihren beiden Söhnen erbte Heinrich die Grafschaft Sponheim-Starkenburg, Gottfried die Grafschaft Sayn.

Gottfried wiederum vermählte sich mit der Erbgräfin Jutta von Homburg, seine beiden Söhne wurden die Stifter zweier Linien: Einer älteren *[Johann]*, der fast die gesamte Grafschaft Sayn zufiel und einer jüngeren *[Engelbert]*, welche die Herrschaften Homburg und Vallendar erhielt.

Engelberts Enkel Valentin vermählte sich mit der Erbgräfin Adelheid von Wittgenstein. Daraufhin nahm er ab 1361 für sich und seine Nachkommen den Namen „Sayn und Wittgenstein" an.

1606 starb die ältere Linie aus und die Grafschaft Sayn kam an die jüngere Linie. Durch eine neue Teilung entstanden nun drei Linien.

Die Hauptlinien:
Die erste Hauptlinie – Sayn-Wittgenstein-Berleburg – stammte von Georg, dem ältesten der Brüder ab. 1694 teilte sich diese weiter in drei Speziallinien.

Zu den Speziallinien:
Die **Speziallinie Sayn-Wittgenstein-Berleburg** wurde von Graf Kasimir *[† 1741]* gegründet. Sie besaß das Amt Berleburg, die Herrschaft Homburg und bis 1803 auch die Herrschaft Neumagen. Durch das Amt Berleburg hatte diese Linie Anteil an der reichsgräflich wetterauischen Kuriatstimme. 1792 erhielt sie die Reichsfürstenwürde. Hauptstadt dieses Gebiets war Berleburg.

Seit 1815 gehörten sie zu den preußischen Standesherren. 1821 traten die Fürsten ihre standesherrlichen Rechte gegen eine Zahlung von 100.000 Talern an Preußen ab.

Die **Speziallinie Sayn-Wittgenstein-Karlsburg** *[Stifter Karl, † 1749]* hatte nur gräflichen Rang und verschmolz 1851 mit der Linie Sayn-Wittgenstein-Ludwigsburg.

Die **Speziallinie Sayn-Wittgenstein-Ludwigsburg** *[Stifter Ludwig Franz, † 1750]* wurde 1834 vom König von Preußen gefürstet.

Die zweite Hauptlinie – Sayn-Wittgenstein-Sayn – stammte von Graf Wilhelm ab, erlosch aber bereits 1632 im Mannesstamm.

Durch die beiden Töchter des letzten Grafen entstanden wieder zwei Speziallinien. Das Gebiet der Speziallinie Sayn-Wittgenstein-Altenkirchen kam 1741 an Brandenburg-Ansbach, 1791 an Preußen und 1803 schließlich an Nassau-Usingen.

Die dritte Hauptlinie – Sayn-Wittgenstein-Hohenstein – wurde von Ludwig dem Jüngeren [† 1634] gestiftet. Auch diese Linie hatte Anteil an der wetterauischen Kurialstimme und wurde 1804 reichsfürstlich. Die Fürsten waren Mitglied im preußischen Herrenhaus.

49 [1817] Die Herrschaft Stargard

Die Burg Stargard bei Neubrandenburg war Mittelpunkt des nach ihr benannten Landes und gehörte ursprünglich zu Pommern.

Nach dem deutschen Sieg bei Bornhövel 1227 über die Dänen verloren die Pommern ihren gewohnten Rückhalt und mussten deshalb um 1230 Barnim und Teltow endgültig den Brandenburgern überlassen und 1236 auch deren Lehnshoheit anerkennen.

Bis 1250 traten die Pommernherzöge auch die Uckermark und das westlich daran angrenzende Land Stargard, das nachmalige Mecklenburg-Strelitz, ab, 1248 wurde hier die Stadt Neubrandenburg gegründet.

Zum Wappen der Herrschaft Stargard:
Dass man das Wappen der Grafschaft Schwerin mit dem der Herrschaft Stargard verwechselt, nämlich das Rot und Gold quergeteilte Feld Schwerins irrig auf Stargard, den Stargarder Arm mit dem Ring dagegen auf Schwerin bezogen hat, ist ein im Jahre 1708 aus dem mecklenburgischen Wappen in das preußische Wappen übergegangener Fehler, der sich bis in das 16. Jahrhundert zurückverfolgen lässt.

Die Beschreibung des königlichen Wappens nach der Verordnung vom 9. Januar 1817 lautet wie folgt: *„Im roten Feld ein aus dem linken Schildrand aus einer silbernen Wolke hervorgehender, in Silber geharnischter Arm, welcher einen goldenen Ring, in den ein Edelstein gefasst ist, in der Hand hält."*

50 [1817] Die Grafschaft Arnsberg

Die ehemalige Grafschaft Arnsberg wurde im 11. Jahrhundert von den Grafen von Werl verwaltet, die sich seit 1082 nach Arnsberg benannten. Zu den bedeutendsten Grafen zählte Friedrich der Streitbare *[† 1124]*, ein Enkel Ottos von Nordheim. 1110 begleitete Friedrich Kaiser Heinrich V. nach Italien, empörte sich 1114 im Bund mit Kurköln gegen diesen, musste sich aber schließlich unterwerfen.

Mit seinem Schwiegervater Graf Gottfried von Cuyk folgte die weibliche Linie in der Grafschaft. Gottfried IV., der kinderlos war, verkaufte die Grafschaft 1369 an Kurköln. Während die Hauptlinie 1371 erlosch, blühte der Zweig Rietberg bis 1564.

Die Grafschaft gehörte danach zum Kölner Herzogtum Westfalen, wurde 1802 an Hessen abgetreten und kam 1815 an Preußen.

Die Stadt Arnsberg:
Die Stadt Arnberg liegt 208 m über dem Meeresspiegel und befindet sich auf einem Bergrücken, der von drei Seiten von der Ruhr umflossen wird. Auf diesem findet man auch die Ruinen des alten Stammschlosses der Grafen von Arnsberg. Ursprünglich war sie die Hauptstadt der gleichnamigen Grafschaft. 1237 erhielt Arnsberg das Stadtrecht und wurde später Mitglied der Hanse. Nach der Besitznahme durch Köln *[1368]* wurde die Stadt häufig Residenz der Kölner Kurfürsten sowie Sitz der westfälischen Kanzlei und der Landtage.

Während der wilhelminischen Kaiserzeit war Arnsberg die Hauptstadt des gleichnamigen preußischen Regierungsbezirks in der Provinz Westfalen. Sie lag an der Staatsbahnlinie Fröndenberg-Kassel und war Sitz der Regierung, eines Landes- und Amtsgerichts und einer Handelskammer. Sie besaß zwei katholische und eine evangelische Kirche sowie eine Synagoge.

Wappen der Stadt Arnsberg

An Industrie gab es eine Eisenbahnreparaturwerkstätte, Papier- und Papierstofffabriken und eine Dampfsägemühle. Im Jahre 1900 hatte Arnsberg 8.490 Einwohner *[darunter 1.622 Evangelische]*.

Der Landgerichtsbezirk Arnsberg:
Dieser Landgerichtsbezirk umfasste 20 Amtsgerichte: Arnsberg, Attendorn, Balve, Berleburg, Bigge, Brilon, Burbach, Förde, Fredeburg, Hilchenbach, Kirchhundem, Laasphe, Marsberg, Medebach, Meschede, Neheim, Olpe, Siegen, Warstein und Werl.

Der Regierungsbezirk Arnsberg:
Dieser Regierungsbezirk umfasste im Jahre 1900 7.696 km² und zählte 1.851.319 Einwohner *[1.017.560 Evangelische, 810.882 Katholiken, 11.802 Juden]* und bestand aus 24 Kreisen: Altena, Arnsberg, Bochum (Stadt), Bochum (Land), Brilon, Dortmund (Stadt), Dortmund (Land), Gelsenkirchen (Stadt), Gelsenkirchen (Land), Hagen (Stadt), Hagen (Land), Hamm (Stadt), Hamm (Land), Hattingen, Hörde, Iserlohn, Lippstadt, Meschede, Olpe, Schwelm, Siegen, Soest, Witten (Stadt), Wittgenstein.

Anmerkung:
Der Regierungsbezirk Arnsberg war in acht Reichstagswahlkreise eingeteilt.

Zum Wappen der Grafen von Arnsberg:
Der Adler der Grafen von Arnsberg *[Name einer Burg entlehnt, die bereits im 11. Jahrhundert urkundlich vorkommt]* reicht weit ins 12. Jahrhundert zurück. Das Adlersiegel des Grafen Heinrich von Arnsberg, der uns in Urkunden aus den Jahren 1145 – 1193 begegnet, ist eines der frühesten Siegel mit diesem Wappentier.

Bemerkenswert ist auch das Siegel der Agnes, Gemahlin des Grafen Gottfried von Arnsberg. Es ist nicht nur das älteste Frauensiegel mit diesem Wappentier, es ist auch im Abdruck konkav, also im Stempel nicht vertieft, sondern erhaben. Bei der symbolischen Bedeutung, die sich an den Adler knüpft, fallen noch zwei Siegel aus diesem Geschlecht auf: Auf dem ovalen Siegel des Grafen Gottfried von Arnsberg von 1212 finden wir einen auffliegenden und emporschauenden Adler mit der Umschrift + *Aquila* + *moras* + *nescit* +, auf einem ähnlichen Siegel des Grafen Ludwig aus dem Jahre 1295 + *Aquila* + *muscas* + *nescit* +.

Dortmund. Bläserbrunnen am Markt

51 [1817] Die Grafschaft Barby

Die Herren von Barby waren Lehnsträger der Äbtissin von Quedlinburg und stammten von Walther, Graf von Arnstein *[† 1166]*, ab.

Am Ende des 12. Jahrhunderts zerfielen diese in mehrere Linien. Eine davon bildeten die Grafen von Ruppin. Burghard IV. wurde 1497 von Kaiser Maximilian I. in den Grafenstand erhoben.

1659 erlosch der Mannesstamm des gräflichen Hauses.

Danach fielen Mühlingen und Walther-Nienburg an Anhalt Zerbst, Rosenburg an das Stift Magdeburg und damit später an Brandenburg.

Das eigentliche Barby aber kam an Sachsen-Weißenfels, mit dem es 1746 an Kursachsen fiel.

1807 wurde Barby dem Elbdepartement des Königreichs Westfalen einverleibt, 1815 kam es an Preußen.

Die Stadt Barby:
Die Stadt Barby liegt an der Elbe unterhalb der Saalemündung. In der wilhelminischen Kaiserzeit gehörte sie zum Kreis Kalbe des preussischen Regierungsbezirks Magdeburg.

Durch eine Staatsbahnlinie war sie mit Berlin und Blankenheim verbunden. Sie besaß zwei evangelische Kirchen, ein Amtsgericht, eine Zuckerfabrik und eine Bierbrauerei. Im Jahre 1900 hatte die Stadt 5.136 evangelische Einwohner.

Zum Wappen der Grafen von Barby:
Das Wappen der Grafen von Barby, wie es aus dem Sächsischen im Jahre 1817 aufgenommen worden war, zeigt im blauen Feld zwei mit dem Rücken gegeneinander gekehrte, gekrümmte goldene, goldgekrönte Fische, begleitet von vier goldenen Rosen.

Die Grafschaft Barby 1789

Betrachten wir dagegen die älteren Siegel der Grafen und Herren von Barby und Mühlingen, wie sie seit dem Jahre 1271 in vielen Abbildungen vorliegen, so fällt eine große Ähnlichkeit mit dem der Anhaltinischen Fürsten, der Grafen von Falkenstein, der Edlen von Querfurt und mit dem anderer dynastischer Geschlechter der Harzgegend auf, was wohl auf einen möglichen genealogischen Zusammenhang hindeutet. *[Gespaltener Schild. Im vorderen Teil einen halben Adler, dessen Flügel oben in einen Löwenkopf ausgeht. In der hinteren Feldung mehrmalige Balkeneinteilung].*

Diese Änderung ist wohl mit der Erhebung der Herrschaft Barby zu einer Reichsgrafschaft zu sehen *[Quadrierter Schild mit Rose und Adler].* Die Rose deutet wahrscheinlich auf Rosenburg, wonach sich mehrere Mitglieder dieses Geschlechtes nannten. Der Adler dagegen verweist auf Mühlingen, um den gemeinsamen Ursprung dieser Grafen mit den Grafen von Lindow und Herren zu Ruppin aus dem Stamm der Edlen von Arnstein oder Arnstedt zu bekunden.

Bemerkenswert ist, dass nach dem Aussterben der Grafen von Barby abermals ein ganz neues Bild in das Wappen der sächsischen Häuser überging: So entstand dann jene Neubildung *[gewissermaßen eines redenden Wappens, wenn die Fische Barben darstellen sollen].*

Die Orden Preußens

Der Schwarze Adlerorden

Der Rote Adlerorden

Pour le mérite

Kronenorden

Königlicher Hausorden

Eisernes Kreuz

Wilhelmsorden

Johanniterorden

Das Anwachsen des Preußischen Staates
[unter den Hohenzollern seit 1415]

- Unter Kurfürst Friedrich I. *[1415-1440]*

Altmark	80,61 QM
Prignitz	61,10 QM
Der größte Teil der Uckermark	51,64 QM
Mittelmark	230,03 QM
	423,38 QM
Ansbach und Bayreuth	112,00 QM
	535,38 QM
	[=29.478 km²]

- Unter Kurfürst Friedrich II. *[1440-1470]*

Neumark	150,40 QM
Ein Teil der Uckermark	13,50 QM
Durch Kauf die böhmischen Lehen:	
Cottbus, Peitz, Teupitz, Bärfelde	22,20 QM
Wernigerode *[durch Kauf]*	4,64 QM
Größe des Staates	726,22 QM
	[= 39.985 km²]

- Unter Kurfürst Albrecht Achilles *[1470-1486]*

Durch Vertrag mit Pommern:
Löcknitz *[1472]* und
Vierraden in der Uckermark   5,00 QM
Vergrößerung der Neumark
durch den Frieden zu Kamenz:
Krossen, Züllichau, Sommerfeld,
Bobersberg   33,52 QM
Zu Ansbach erworben: 3,00 QM

Größe des Staates   767,74 QM
         [= 42.272 km²]

- Unter Kurfürst Johann Cicero *[1486-1499]*

Herrschaft Zossen *[durch Kauf]*   7,50 QM

Verluste:
Durch Teilung gingen Ansbach
und Bayreuth verloren.
Größe des Staates   660,24 QM
         [=36.353 km²]

- Unter Kurfürst Joachim I. *[1499-1535]*

Als eingezogenes Lehen:
Grafschaft Ruppin   32,27 QM
Größe des Staates   692,51 QM
         [= 38.130 km²]

- Unter Kurfürst Johann Georg *[1571-1598]*

Die böhmischen Lehen:
Beeskow, Storkow   23,31 QM

Größe des Staates   **715,82 QM**
[= 39.413 km²]

- Unter Kurfürst Johann Sigismund *[1608-1619]*

1609 durch Erbschaft:
Herzogtum Kleve	32,58 QM
Grafschaft Ravensberg	16,62 QM
Grafschaft Mark mit Limburg	50,14 QM
Herzogtum Preußen	657,13 QM

Größe des Staates   **1.472,29 QM**
[=81.064 km²]

- Unter dem Großen Kurfürsten *[1640-1688]*

Im Westfälischen Frieden:
Hinterpommern mit Kammin	347,28 QM
Herzogtum Magdeburg, Fürstentum Halberstadt mit Mansfeld-Hohenstein	148,67 QM
Fürstentum Minden	21,76 QM
Herrschaften Lauenburg und Bütow	15,00 QM
[Anmerkung: 1657 als polnische Lehen]	
Kreis Schwiebus *[1686]*	8,00 QM

Größe des Staates   2.013,00 QM
[= 110.836 km² mit rund 1.500.000 Einwohnern]

- Unter Kurfürst Friedrich III.
  bzw. seit 1701 **König Friedrich I.** *[1688-1713]*

Oranische Erbschaft [1707]:
Fürstentum Mörs und   3,97 QM
Grafschaft Lingen   13,26 QM
Durch Kauf [1707]:
Tauroggen und Serrey,
Grafschaft Tecklenburg   7,49 QM
Durch Erbschaft [1707]
Neuenburg und Valengin   13,95 QM

Verluste:
Abgetreten: Schwiebus *[1694]*   8,00 QM

Größe des Staates   2.043,67 QM
  [=112.524 km² mit rund 1.650.000 Einwohnern]

- Unter **König Friedrich Wilhelm I.** *[1713-1740]*

Im Utrechter Frieden [1713]:
Einen Teil des Herzogtums Geldern   21,94 QM
Im Frieden von Stockholm [1720]:
Vorpommern bis an die Peene
mit Stettin, Usedom und Wollin   94,33 QM

Größe des Staates   2.159,94 QM
  [= 118.926 km² mit 2.240.000 Einwohnern]

- Unter König Friedrich II. *[1740-1786]*

Herzogtum Schlesien mit der Grafschaft Glatz *[1742]*	680,43 QM
Fürstentum Ostfriesland *[1744]*	54,26 QM
Westpreußen *[ohne Danzig und Thorn]* und Netzedistrikt	644,99 QM

Größe des Staates   **3.539,62 QM**
[= 194.891 km² mit rund 5.430.000 Einwohnern]

- Unter König Friedrich Wilhelm II. *[1780-1797]*

Rückfall der Stammlande:
Ansbach und Bayreuth *[1791]*	159,18 QM

Polnische Erwerbungen 1793 und 1795:
Neu-Ostpreußen	818,53 QM
Südpreußen	1.014,97 QM
Neuschlesien	40,94 QM
Thorn	4,48 QM
Danzig	17,26 QM

Verluste:
Abtretungen jenseits des Rheins: 43,42 QM

Größe des Staates   **5.551,56 QM**
[= 305.669 km² mit 8.687.000 Einwohnern]

- Unter König Friedrich Wilhelm III. *[1797-1840]*

*Erwerbungen im Frieden von Lüneville [1801] und
durch den Reichsdeputationshauptschluss [1803]:*

Erfurt und Nieder-Kranichfeld	12,99 QM
Eichsfeld	20,84 QM
Mühlhausen und Nordhausen	5,00 QM
Fürstentum Hildesheim und Goslar	30,16 QM
Fürstentum Paderborn	44,05 QM
Teile des Fürstentums Münster	54,31 QM
Quedlinburg und Elten	2,25 QM
Essen und Werden	3,75 QM
Kurfürstentum Hannover *[1806]*	575,63 QM

Größe des Staates   6.300,54 QM
[= 346.908 km²]

Verluste:
Abtretungen im Tilsiter Frieden [1807]:
Alles Land westlich der Elbe, die polnischen
Erwerbungen von 1793 und 1795, der
größere Teil des Netzedistrikts und Cottbus = 3.430,78 QM

Größe des Staates nun: 2.869.76 QM
[mit rund 4.940.000 Einwohnern]

Wiedererwerbung durch den Wiener Kongress [1815]:
Alle Teile die 1807 preußische gewesen waren 1.108,84 QM
*[außer:
Ansbach
Bayreuth
Hildesheim
Ostfriesland
Neuschlesien
Neu-Ostpreußen
und dem östlichen Teil von Südpreußen]*

Von Dänemark im Tausch gegen Lauenburg:
Neuvorpommern	78,68 QM
Von Sachsen	378,51 QM
Von Westfalen	24,14 QM
Mediatisierte Fürstentümer und Herrschaften	73,86 QM
Von Hessen-Darmstadt	76,75 QM
Vom Herzogtum Berg	58,74 QM
Von Nassau	11,62 QM
Von Wied und Sayn	22,92 QM
Kreis Wetzlar	10,44 QM
Vom Großherzogtum Frankfurt	0,22 QM

Von Frankreich:
Linksrheinisches Gebiet mit Saarbrücken und Saarlouis	370,54 QM
Größe des Staates	5.049,80 QM

[=279.030 km² mit 10.400.000 Einwohnern]

- **Veränderungen zwischen 1815 und 1861**

1834 wurde das Fürstentum Lichtenberg *[10,50 QM]* durch Kauf von Sachsen-Koburg-Gotha erworben

1850 die Fürstentümer Hohenzollern *[21,15 QM]* durch Staatsvertrag.

1849 kam der lippe-detmoldische Anteil an Lippstadt *[0,05 QM]* durch Kauf an Preußen.

Auch ein Gebiet am Jadebusen wurde von Preußen durch Kauf erworben.

Verluste:
1854 wurden Neuenburg und Valengin von Preußen aufgegeben.

Größe des Staates	5.067,75 QM

[= 279.030 km² mit rund 19.600.000 Einwohnern]

- Unter König Wilhelm I. *[1861-1888]*

An Preußen fielen nach den Friedenschlüssen von 1866:
Königreich Hannover	698,72 QM
Kurfürstentum Hessen	172,85 QM
Herzogtum Nassau	85,19 QM
Frankfurt a. M.	1,59 QM
Herzogtümer Schleswig und Holstein	320,40 QM
ohne das Amt Ahrensböck [1.499km²], das an Oldenburg abgetreten wurde	
Teile des Großherzogtums Hessen einschließlich Hessen-Homburg	19,92 QM
1876 Anschluss von **Lauenburg**	21,29 QM
	1.130,01 QM

- Unter König Wilhelm II. *[1888-1918]*

1892 erhielt Preußen das bereits 1890 vom Deutschen Reich erworbene Helgoland *[0,01 QM]* zugeteilt.
1904 Gebietsaustausch mit Lübeck *[22 Hektar]*
1905 trat Preußen zur Erweiterung des Hafengebietes an Bremen 516,89 Hektar ab.

Größe des Staates 1905	**6.332,00 QM**
[= 348.680 km² mit 37.293.324 Einwohnern]	

ENDE

Genehmigte Lizenzausgabe für Verlagsgruppe Weltbild GmbH,
Steinerne Furt, 86167 Augsburg
Copyright © 2009 by Melchior Verlag Wolfenbüttel
Umschlaggestaltung: Büro 18, Friedberg (Bay.)
Umschlagmotiv: Berlin, Gendarmenmarkt; Photochrom um 1900
© Prisma/F1online
Gesamtherstellung: Offizin Andersen Nexö Leipzig GmbH, Zwenkau
Printed in the EU
978-3-8289-4519-7

2014 2013 2012 2011
Die letzte Jahreszahl gibt die aktuelle Lizenzausgabe an.

Einkaufen im Internet:
www.weltbild.de